Delia Cristina Balaban

Medienkommunikation

Delia Cristina Balaban

Medienkommunikation

Mitteldeutsche Hochschul-Schriften
Herausgeber der Reihe: Otto Altendorfer, Ludwig Hilmer
Reihe C, Band 4

ISBN:

1. Auflage 2009
Originaltitel: Delia Cristina Balaban, *Comunicare mediatică*, Tritonic, București, 2009.
Koordination der Übersetzung aus der rumänischen Sprache: Meda Mucundorfeanu und Helena Bähr

Layout: George Prundaru
Satz: Christian Greim
Printed in Germany

Hochschulverlag Mittweida
AMAG AG
Technikumplatz 3, 09648 Mittweida

Die MITTELDEUTSCHEN HOCHSCHUL-SCHRIFTEN erscheinen im
Hochschulverlag Mittweida in folgender Struktur
Reihe A: Fernsehen und Hörfunk, Film
Reihe B: Print und Neue Medien
Reihe C: Medienpolitik, Marketing, PR und Öffentlichkeitsarbeit
Reihe D: Medien- und Hochschulgeschichte, Medienwirtschaft
Reihe E: Kommunikationswissenschaft

Inhaltsverzeichnis

1.Einführung

Bevor wir die Elemente und die Instrumente der Medienkommunikation beschreiben, müssen wir die Medienkommunikation beschreiben. Der Begriff Kommunikation deutet auf *die Interaktion mit Hilfe von Symbolen und die unabsichtliche Informationsübermittlung über den Kommunizierenden, die von einem Betrachter als Information interpretiert wird.* (Kunczik, Zipfel, 1998: 15). Zu kommunizieren bedeutet *etwas gemeinsam zu haben,* das ist auch die Bedeutung des Verbs, welches der Ursprung des Begriffs ist. Wir können über verbale vs. nonverbale Kommunikation, über direkte vs. Medienkommunikation, über zweiseitige vs. einseitige Kommunikation sprechen und die Liste kann weitergehen (Rus, 2002).

In der kurzen Zeitspanne der Entwicklung der Kommunikationswissenschaft, kurz im Vergleich zu den anderen sozialen Wissenschaften, wurden verschiedene Kommunikationsmodelle entwickelt. Einer der ersten Schritte bei der Erstellung so eines Modells ist von Lasswell im Jahre 1948 gemacht worden. Um die Medienkommunikation, den Forschungsgegenstand der vorliegenden Arbeit, zu definieren werden wir von einer Kommunikationsformel ausgehen, die, wie wir in der unteren Tabelle 1.1 feststellen können, auch von anderen Autoren erweitert wurde:

Autor / Element	Warles (1942)	Laswell (1948)	Ruesch (1953)	Gerbener (1956)	Prakke (1962)
Komunikator	Who	Who	Who	Someone	Quis
Situation	What condition	—	Context	Situation	Ubi, quando
Medium	By what medium	In which channel	What media	Throught some means	Quibus, Auxilis
Botschaft	What	What	What	Some form, some content	Quid, quo modo

Empfänger	Whom	Whom	Whom	Someone	As quem
Effekt	What effect	What effect	What result	Some consequences	Quo Effectu

Tabelle 1.1: Vergleich zwischen den Kommunikationsformeln (nach Merten, 1999).

Trotz der Tatsache, dass alle Kommunikationselemente sowohl bei der interpersonellen Kommunikation als auch bei der Massenkommunikation erscheinen, müssen gewisse Unterschiede schon von Anfang an betont werden: bei der interpersonellen Kommunikation ist der Kommunikator/ Sender eine Person oder eine Institution, der Empfänger ist eine Person oder eine kleine Gruppe von Personen. Bei der Massenkommunikation hat der Kommunikator keinen direkten Kontakt zu den Empfängern. Das *Feedback* des Kommunikationsprozesses findet nicht durch dasselbe Medium statt, sondern findet indirekt, durch verschiedene Medien statt. Die Botschaft *„eine Hepatitisepidemie ist in der Stadt X ausgebrochen"*, die von einem lokalen Nachrichtensender verkündet wird, kann bei den Einwohnern der Stadt X Panik auslösen. Auch wenn der Moderator/ die Moderatorin die Zuschauer anscheinend direkt anspricht (durch die Ansprechformel, den direkten Blick ins Kameraobjektiv), werden die Reaktionen der Zuschauer nicht direkt vom Sender vernommen, sondern nur durch die telefonischen Gespräche, die während oder nach der Sendung, mit der Redaktion oder durch die Untersuchung der Einschaltquoten, stattfinden. Wenn die Botschaft "eine Hepatitisepidemie ist in der Stadt X ausgebrochen" an eine Person, die in der Stadt X lebt, telefonisch oder in einem persönlichen Gespräch geschickt wird, kann man ihre Reaktion gleich vernehmen. Der nächste Schritt in diesem Gespräch hängt von dieser Reaktion ab. Bei der Fernsehnachricht, kann der Nachrichtentext nicht direkt von der Zuschauerreaktion beeinflusst werden.

Die Medienkommunikation ist die Kommunikation, die von einem Medium vermittelt wird. Es ist sehr wichtig, den Unterschied zwischen der Medienkommunikation und der Massenkommunikation zu machen. Die Massenkommunikation entsteht mit Hilfe der Massenmedien, während die Medienkommunikation mit Hilfe eines Mediums entsteht. Wenn eine Person mit Hilfe des Telefons kommuniziert, haben wir es mit Medienkommunikation zu tun und nicht mit Massenkommunikation, weil das Telefon ein informelles Kommunikationsmittel ist. Mit anderen Worten:

die Massenkommunikation ist Teil der Medienkommunikation. Die Kommunikation mit Hilfe des Fernsehens wird sowohl als Medien- als auch als Massenkommunikation betrachtet. Das Fachgebiet der Kommunikationswissenschaft kann folgendermaßen zusammengefasst werden:

	Die informelle Kommunikation	**Die Massenkommunikation**	**Das Kommunikationssystem**
Theorie	Die informelle Kommunikationstheorie	Die Medientheorie	Die Kommunikationstheorie
Umwandlung	E-mail, Internet, viele Möglichkeiten in Kontakt zu treten	*New Media* (Multimedia und das Internet), Änderung der Effekte	Die Informationsgesellschaft, die Mediengesellschaft
Lösungen		Medienpädagogik, Medienrecht	Medienethik
Probleme	Richtigkeit, Änderung des Privatraums	Zensur, Informationsüber-fluss, Wirtschaftsinteressen im Medienbereich, Probleme mit dem Begriff Fiktion	Wirklichkeitsdarstellung
Empfänger	Ich, du, wir	Das Publikum	Das Publikum
Kommunikator	Eigene Inszenierung	Journalismus	Öffentlichkeitsarbeit

Kommunikationsprozesse	Gespräche, Vorträge, Gerüchteverbreitung	Informationen, Unterhaltung, Kommentare	Öffentliche Meinung
Mittel	Die Sprache, die Entwicklung, die Funktionsweise Struktur (Rolle, Organisierung)	Die Massenmedien, die Entwicklung, die Funktionsweise (Rolle, Organisierung)	Die Kommunikation, die Entwicklung, die Funktionsweise (Rolle, Organisierung)

Tabelle 1.2: Forschungsbereiche in der Kommunikationswissenschaft (nach Merten, 1999: 463)

Denis McQuail definiert die Massenkommunikation als eine simultane Übermittlung von wiederholten oder standardisierten Botschaften (Nachrichten, Informationen, Fiktion, Unterhaltung und Show), angefangen von einem einzigen und organsierten Sender, auf ein Teil oder die ganze Bevölkerung zielend, ohne eine zu große Antwort- oder Reaktionsmöglichkeit (McQuail, 2002).

Der Begriff *Massenkommunikation* ist, so der deutsche Forscher Gerhard Maletzke (1963), ein Prozess aus dem Mediabereich (Presse, Film, Radio, TV). Sie unterscheidet sich nicht von der allgemeinen Kommunikation, weil sie Bedeutungen zwischen Menschen vermittelt und über folgende Grundfunktionen verfügt: Ausdruck, Appell und Darstellung; sie basiert auf der Wechselbeziehung zwischen dem Kommunikator, der Botschaft und dem Empfänger. Die Grundformen der Kommunikation sind: direkt-indirekt, zweiseitig-einseitig, privat-öffentlich. Die Massenkommunikation setzt ein undefiniertes, unstrukturiertes, nichtorganisiertes Publikum voraus, ist aus einem räumlich-temporalen Gesichtspunkt indirekt, ist unilateral, ohne Rollentausch zwischen Sender und Empfänger.

Kommunikation als Forschungsbereich weist zwei große Probleme auf: die Alltäglichkeit und die Allgegenwart der Kommunikation im täglichen Leben und die wachsende Bedeutung der Kommunikation in der Informationsgesellschaft. Schon in der Antike fanden erste Ansätze des Kommunikationsstudiums statt, der Philosoph Aristoteles hat durch die

Entwicklung der Rhetorik zum Studium der interpersonellen Kommunikation beigetragen.

Der Begriff *Massenkommunikation* wurde zum ersten Mal in den 30er Jahren verwendet. Die Medienanalyse stammt aus dem Studium der Presse, das ungefähr in derselben Zeitspanne an deutschen Universitäten unter dem Namen *Zeitungswissenschaft* durchgeführt wurde. Sozialforscher von beiden Seiten des Atlantiks wie William Sumner, Albion Small, Robert Park, Ferdinand Tonnies, Georg Simmel, Gabriel Tarde, Max Weber und Albert Schaffle, um nur einige der wichtigsten Namen zu nennen, unterstreichen die enge Beziehung zwischen der Entwicklung der modernen, industriellen Gesellschaft und die Entwicklung der Presse (McQuail, 2002). Die Rolle der Presse in der modernen Demokratie, die Interaktion mit dem wirtschaftlichen Leben der Gesellschaft, das Thematisieren des Begriffs „öffentliche Meinung" sind nur einige Grundideen, die seit den Anfängen der Medienforschung beachtet werden. In den ersten Jahren der Soziologie schien das Thema Medien nicht eines der bevorzugten Forschungsgegenstände gewesen zu sein. Die Soziologen haben ihre Aufmerksamkeit auf Themen wie Mord, Armut, interrassische und soziale Beziehungen gerichtet. Die zwei Weltkriege und die Wirtschaftskrise waren die Gründe für den Stillstand im Bereich der Kommunikationsforschung und Medienanalyse, besonders in Europa. Während auf dem alten Kontinent viel Medienkritik ausgeübt wurde, hat eine kleine Zahl an amerikanischen Forschern wie Paul Lazarsfeld, Harold Lasswell, Carl Hovland und Wilbur Schramm, die Grundlagen für die Kommunikationswissenschaft und für die Medienanalyse in der zweiten Hälfte des 20. Jh. gelegt. Mit der Zeit hat sich eine Kommunikationswissenschaft entwickelt, die die formelle und informelle, die absichtliche (eine wichtige Rolle spielt die Öffentlichkeitsarbeit) und die nichtabsichtliche Kommunikation usw. analysiert. Jede Wissenschaft charakterisiert sich durch ein Objekt, durch Methoden (Normen, Regeln) und durch die Beschäftigung der Spezialisten mit der Forschung, deren Ergebnisse veröffentlicht werden. Das Objekt der Kommunikationswissenschaft ist die Kommunikation, die verwendeten Begriffe sind unterschiedlich. Die Theorien der Kommunikationswissenschaften haben, genauso wie alle anderen Wissenschafen, vier Funktionen: die Reihenfolge (Beschreibung der Phänomene), die Abstraktisierung (ebnet den Weg zum Vergleich), die Erklärung und die Prognose (Merten, 1999:40). Der Ruf der Forscher auf dem Gebiet der Kommunikationswissenschaft wird, genau wie in all den anderen Gebieten, anhand derselben Kriterien eingestuft: relativ - die Quantität und die Qualität der in einer gewissen Zeiteinheit veröffentlichten Auflagen - und absolut - die Anzahl der Forschungsprojekte, die Relevanz der untersuchten Problematik, die Qualität der Ideen und das öffentliche Bild. Die Wissenschafler werden in vier große Kategorien eingestuft: der Typ des idealen Schaffenden, für den der Ruf sehr wichtig ist, der wissenschaftliche Manager, charakterisiert durch die Qualität seiner Arbeit als Projektleiter, der Fundraiser, der aufgrund seiner Bezehungen und seiner Beteiligung die Finanzierung gewisser Projekte ermöglichen kann und zuletzt, der Typ des Lehrers, der einen grossen Wert auf die Lehrtätigkeit legt (Merten,1999: 41).

Charakterisiert durch Banalität, Universalität, Bezugsfähigkeit, ist die Kommunikation unumgänglich, was ihre Bewertung erschwert. Während sich die Kommunikations-wissenschaft mit dem Studium der professionellen und institutionellen Laufbahn der Information beschäftigt (van Cuilenbeurg, Scholten, Noomen, 2000: 51), studiert die Publizistik den Bereich der öffentlichen Kommunikation, und die Medienanalyse (*media studies*) hat als Objekt das Studium der Medien und der interpersonellen und privaten Kommunikation. Die Stufen des Kommunikationsprozesses werden von Denis McQuail in grafischer Form pyramidal dargestellt.

Der rechtliche, politische und wirtschaftliche Rahmen, in dem sich die Medienkommunikation bewegt, die Rolle der Medien in der Gesellschaft, die Organisation des Mediensystems, die Medienwirklichkeit, die Publikumsdynamik, die Strukturen, die *Pattern* des Mediengebrauchs, die langfristigen oder kurzfristigen Wirkungen der Medienkommunikation, die kognitiven und emotionalen Wirkungen sind nur einige der Grundfragen, auf die Forscher in den Bereichen der Kommunikations-wissenschaft, der Publizistik und der Medienanalyse eine Antwort suchen.

Die untere Tabelle gibt die Komplexität der Kommunikationswissenschaften, der Publizistik und der Medienanalyse wieder und definiert die materiellen und formellen Untersuchungsobjekte, die analysierten Niveaus und die verwendeten Methoden:

<table>
<tr><td rowspan="2">Materielles Objekt</td><td>Medien</td><td>Art der Kommunikation</td><td rowspan="2">Journalismus</td></tr>
<tr><td>Presse, TV, Radio usw.</td><td>Interpersonelle Kommunikation vs. Massenkommunikation</td></tr>
<tr><td>Formelles Objeckt</td><td>Alle Kommunikationsprozesse</td><td>Botschaften aus dem öffentlichen Raum</td><td>Medialer öffentlicher Raum</td></tr>
</table>

<table>
<tr><td>Analyse Niveau</td><td colspan="2">Akteure (mikro)</td><td colspan="3">Organisationen (mezzo)</td><td colspan="2">Die ganze Gesellschaft (makro)</td></tr>
<tr><td>Methoden</td><td colspan="4">Quantitative Forschungsmethoden</td><td colspan="3">Qualitative phänomenologisch-hermeneutische Mehtoden</td></tr>
<tr><td>Bezeihnung</td><td>Publizistik</td><td colspan="2">Kommunikationswissenschaft</td><td>Medienanalyse</td><td colspan="2">Journalismus</td><td>Psychologie und Mediensoziologie</td></tr>
</table>

Tabelle 1.3: Facetten der Kommunikationswissenschaft, der Publizistik und der Medienanalyse (Bonfadelli/Jarren, 2001:6)

Die Kommunikationswissenschaft ist auch mit anderen Fachgebieten verbunden. Es gibt eine Kommunikationsgeschichte, eine Mediengeschichte, wo bestimmte Kriterien im Mittelpunkt stehen, Kriterien wie die Geschichte der Technik, der Medieninstitutionen, der Persönlichkeiten und der Medienprodukte. Die Mediengeschichte ist Teil der Kulturgeschichte und der Zivilisation. Die Kommunikationswissenschaft und die Wirtschaftswissenschaften überschneiden sich in Bereichen wie der organisationalen Kommunikation, und der Probleme, die mit dem Medienmarkt, mit der Wirtschaft des Mediensystems und mit den publizistischen Medien zusammenhängen. Die Soziologie und die Kommunikationswissenschaft überschneiden sich in Bereichen wie dem Medienkonsum, der Wirtschaft der Freizeit, der Funktionen der Medien in der Gesellschaft, der gesellschaftlichen Umwandlung, der Globalisierung und der Medienkultur. Die Beziehung zwischen den Medien und der Demokratie, die öffentliche Politik im Medienbereich, die öffentliche Meinung, gehören zum Bereich der Kommunikationswissenschaft und der Politikwissenschaften. Die Überschneidung zwischen dem Rechtssystem und der Kommunikationswissenschaft geschieht im Medienrecht, bei der Problematik der Zensur und dem Schutz der Minderjährigen. Die Kommunikationswissenschaft und die Psychologie hängen in Bezug auf die Medienrezeption und die parasoziale Wechselwirkung der Mediensozialisierung zusammen. Die Ethik und die Philosophie hängen ebenfalls mit der Kommunikationswissenschaft zusammen (Faulstich, 2002: 56).

2. Medien

In der rumänischen Sprache bedeutet der Begriff *mediu* Umfeld, Umgebung. Für die Kanäle der Massenkommunikation wird der Begriff Massenmedien benutzt. In den ersten Seiten des Bandes mit dem Namen *Einführung in die Medientheorie* thematisiert Doru Pop die ideologischen Aspekte, die hinter dem Begriff der *Massenmedien* (rum. mass-media) stehen. Die Verwendung des Begriffs im Plural und mit Bindestrich bezeichnet die Kommunikationsmittel, *die zur Ära der autoritären und politischen Kontrolle der Informationen gehören* (Pop, 2002: 5). Die Massenkommunikation ist ein weitreichender einseitiger, asymmetrischer und unpersönlicher Kommunikationsprozess mit einem standardisierten Inhalt. Die Massenkultur, die mit der Massenkommunikation in Verbindung steht, ist nach McQuail ein beliebtes, kommerzielles, homogenes, nichttraditionelles und nichtliterarisches Produkt (McQuail, 1994: 36-40). In den letzten zwei Jahrzehnten waren wir Zeugen einer massiven Diversifikation des Medienangebots, auch was die audio-visuellen Medien angeht, ein Phänomen, das zur Entstehung mehrerer Publika beigetragen hat. Als Folge dieses Phänomens wird der deutsche Begriff *Massenmedien* immer öfter sowohl in der Fachliteratur, als auch in der Publizistik durch den Begriff *Medien* ersetzt. Eine ähnliche Entwicklungsrichtung ist auch in der englischen Sprache anzutreffen. Die Arbeiten die in der letzten Zeit in Rumänien erschienen sind, verwenden den Begriff *media* mit dem Sinn Kommunikationsmittel. Der Begriff *mediu*, wird in seiner Eigenschaft als einziger Kommunikationskanal sehr selten verwendet. Im Laufe dieser Arbeit werden die Begriffe Medium, Medien und Massenmedien verwendet.

Der schweizerische Kommunikationswissenschaftler Ulrich Saxer, ein bekannter Name der publizistischen und medienanalytischen Schule aus Zürich, definiert den Begriff Medien als *institutionalisierte Systeme, die in Verbindung zu den Kommunikationskanälen mit spezifischen Übertragungsmöglichkeiten geschaffen werden.* Für Saxer hat der Begriff Medien drei Bedeutungen:

a. Medien als Übertragungskanäle (Transportsysteme einiger Zeichensysteme);

b. Medien als komplexe Organisationen (Organisationen, die als Ziel die Schaffung und die Distribution der Medieninhalte haben);

c. Medien als Institutionen (mit dem Sinn den Douglas North dem Begriff Institution gegeben hat, und zwar: Normen und Regulierungssysteme, die zur Stabilisierung der modernen Gesellschaft beitragen) die auf die Kommunikationspraktiken der Gesellschaft einen erheblichen Einfluss ausüben (Jarren/Donges, 2002).

Die Medien sind eine Kraft-, Einfluss- und Kontrollquelle, ein Raum wo das öffentliche Leben ausgelebt wird, eine Quelle für das Bild der sozialen Wirklichkeit, sogar der Schlüssel zur Berühmtheit (McQuail, 1994: 2).

Der Begriff Medien hat eine zweideutige Bedeutung. Die Medien bestehen aus einem materiellen und einem ideatischen oder intellektuellen Teil. Betrachten wir das Beispiel des Films *Pretty Woman,* eines der Bezugsfilme der 90. Jahre. Die materielle Dimension des Films ist das Zelluloid, auf das jede Szene imprimiert wurde, mit Hilfe großer Geschwindigkeit und dem entsprechenden Licht kann der Zuschauer im Saal die Liebesgeschichte zwischen dem milliardenschweren Mann, gespielt von Richard Gere und der Prostituierten, gespielt von Julia Roberts, verfolgen. Die Liebesgeschichte, der Inhalt dieses Spielfilms, ist die zweite Dimension. Diese zwei Dimensionen sind auch im Bereich der Fotografie und der Fernsehprogramme usw. anzutreffen.

Die Medien können anhand mehrerer Merkmale eingestuft werden. Eines dieser Merkmale ist die Notwendigkeit einer technischen Auflage sowohl bei der Sendung, als auch beim Empfang. Pross unterscheidet somit: *media primare, media secundare und media terţiare. Media primare* (menschlich) benötigen keine technische Auflage, sowohl beim Senden als auch beim Empfang der Botschaft. Diese sind: die Gestik, die Mimik, der Tanz und nicht zuletzt der verbale Ausdruck. *Media secundare* (typographisch) benötigen eine technische Auflage beim Senden. Zu dieser Kategorie gehören das Schreiben, die Instrumentalmusik, die Presse, die Bücher. Die dritte Kategorie *media terţiare* (audiovisuell) benötigen eine technische Auflage sowohl beim Senden, als auch beim Empfang. Zum Beispiel: der Telegraf, das Radio, das Fernsehen, der Film, das Internet und Multimedia. In den letzten Jahren wurde über eine vierte Kategorie gesprochen: *media digitale* zu der das Internet und die *new media* gehören.

Einer der Vorreiter der Medientheorie, der Philosoph Walter Benjamin sah die Medien als eine Art Verlängerung des menschlichen Gespürsinns. Eine der von Klaus Merten vorgeschlagenen Klassifikationen berücksichtigt den Wahrnehmungskanal und die Kodierungsmöglichkeit. Merten unterscheidet zwischen *der menschlichen Kodierung und der technischen Kodierung.*

Art der Kodierung / Der Wahrnehmungskanal	„menschliche" Kodierung	„technische" Kodierung	
	Holz, Wachs, Pergament	Papier, Zelluloid, magnetisches Band	Elektromagnetische Wellen, Laser
Optisch	Graffiti, Malerei, Wandmalerei **D+, M-**	Presse, Fotografie, Film*, Stummfilm **D+, M+**	Fersehen*, Videoaufnahmen*, CD* DVD*, Teletext, Fax, Internet* **D+, M+**
Akustisch	—	Film*, Audioplatte, Audiokasette **D+, M+**	Video*, CD* DVD*, Fernsehen*, Radio, Telefon, Internet* **D+, M+**
Taktil	—	Blindenschrift (Braile)	—
Olfaktiv	—	—	—
Geschmack	—	—	—

Tabelle 1.4: Klassifizierung der Medien anhand zweier Dimensionen; D bezeichnet die Möglichkeit der Wahrnehmung aus weiten Entfernungen, M steht für die Multiplikationsmöglichkeit, das Symbol* wurde den Medein angehängt, die durch mehrere Kanäle wahrgenommen werden können (nach Merten, 1999: 136).

Das Brockhaus Wörterbuch definiert die Medien als *ein Instrument der Publizistik oder der Kommunikation, im weiteren Sinne als Übertragungskanal oder Organisation im Bereich der Presse, des Films, des Radios oder des Fernsehens* (Brockhaus, 1971, vol.12: 322).

Bei der Medienkommunikation unterscheidet Peter Ludes drei verschiedene Auffassungen über die Medien. Am häufigsten werden die Medien als Kanäle zur Übertragung von Inhalten analysiert. Die Fragen, die man sich aus dieser Perspektive über die Medien stellen kann, betreffen die Beziehung zwischen der Wirklichkeit (die sogenannte *realite prefilmique*) und der Wirklichkeit, die in den Medien dargestellt wird. Für die Forscher, welche die Medien aus dieser Perspektive betrachten, ist es sehr wichtig, wie das Publikum oder gewisse Zielgruppen aus einem heterogenen Publikum den Inhalt der mediatisierten Botschaften intepretieren. Es ist also nicht bedeutungslos, eine Medientypologie anhand der Themen der Medieninhalte zu bestimmen. Man identifiziert und interpretiert die Ideen, die Themen, das Wertesystem, die Ideologien, die Verhaltens- und die erzählerischen *Pattern,* sowie die Genres aus den Medieninhalten.

Zur Entwicklung der Kommunikationswissenschaft, eine neue Wissenschaft in Bezug auf die anderen, haben soziologische, philosophische, psychologische, linguistische und philologische Wissenschaftler beigetragen. Deshalb ist die Analyserichtung der Medieninhalte nicht zufällig eine linguistische Analyse. Man spricht über die Mediengrammatik, man analysiert die Erstellungstechniken und die Medienflexibilität. In den letzten Jahren wurde der Begriff *Filmgrammatik* verwendet. Dieses Medium hat eine eigene Sprache entwickelt, die aus mehreren Elementen besteht. Die Botschaft eines Spielfilms wird durch Musik, Text und Bild vermittelt. Eine methodologische Rolle spielen hier die Semiotik und die Pragmatik.

Die dritte Richtung bei der Medienunterschung ist für Ludes die systemische Richtung. Die Medien werden in ihrer Eigenschaft als Kontexte untersucht. Man analysiert die Entwicklung jeder Medienart, die Art und Weise, in der die Struktur die Entwicklung der eigenen Mediengrammatik beeinflusst, die Vorzüge für gewisse Genres, die Verwendung der unterschiedlichen Medienarten, der Grad an Interaktion, usw.

3.Paradigmen und Theorien der Kommunikationswissenschaft

Die Kommunikationswissenschaft charakterisiert sich genauso wie andere Wissenschaften durch: Rationalität, Überprüfbarkeit, eigene Theorien, Definitionen und Modelle, sie basiert auf logischer Argumentation, Glaubwürdigkeit, steht in einer Wechselwirkung zu anderen wissenschaftlichen Bereichen, sucht Antworten auf gesellschaftliche Probleme (Faulstich: 2002, 73). So wie im vorigen Kapitel angedeutet wurde, sind die Kommunikationswissenschaften, oder wie einige es bevorzugen – *die Kommunikationswissenschaft* – ein relativ neuer Fachbereich, der sich in diesem Entwicklungsstand mit gewissen spezifischen Probleme konfrontiert sieht. Der Begriff *Kommunikationswissenschaften* wird eher in den romanischen Sprachen verwendet, während er in der englischen Sprache im Singular verwendet wird (*communication science* und beziehungsweise *Kommunikationswissenschaft*).

In den drei großen Fachgebieten der öffentlichen Kommunikation – Journalismus, Öffentlichkeitsarbeit und Werbung – ist die allgemeine Tendenz zu erkennen, man muss es zugeben, besonders bei den Studenten, aber nicht nur, die theoretischen Annäherungen zu vermeiden. Diese Tatsache wurde auch in anderen Mitgliedstaaten der Europäischen Union festgestellt, in Staaten die bei der Lehre der Kommunikationswissenschaft über mehr Erfahrung verfügen, wie zum Beispiel Österreich. Stefan Weber, Professor an der Universität Salzburg stellt in dem von ihm geleiteten Band *Theorien der Medien* einen echten Widerstand zur Theorie fest, die er generisch *Theorienfeindlichkeit* nennt. Der österreichische Forscher zeigt, dass die Theorien nicht getrennt betrachtet werden sollten, sondern zusammen mit der Praxis, mit spezifischen Forschungsmethoden und nicht zuletzt mit dem täglichen Kommunikationsprozess, sei es die interpersonelle oder die Massenkommunikation, angewandt werden müssen (Weber, 2003: 12-13).

Wir können aber den fachübergreifenden Charakter der Forschungen, die als Untersuchungsgegenstand die Kommunikation und deren Vielzahl an Theorien haben, nicht übersehen. Dies erschwert die Abtrennung der Kommunikationswissenschaften. Wenn die soziale Wirklichkeit (der Untersuchungsgegenstand) aus der Perspektive der Kommunikation und anderer Wissenschaften analysiert wird, wenn die verwendeten Methoden solche sind, die in den allgemeinen Sozialwissenschaften verwendet werden und wenn die Theorie nicht spezifisch ist, ist die Frage nach dem Platz und der Rolle der Kommunikationswissenschaft im Rahmen der Sozialwissenschaft eine sehr legitime Frage.

Die wichtigsten Paradigmen der Kommunikationswissenschaft findet man auch in den Strömungen der Sozialwissenschaft wieder. Man spricht praktisch über wahre *Einfuhrtheorien*, viele von denen, die im Folgenden präsentiert werden, sind feste Bestandteile anderer Fachbereiche. Rosengren synthetisiert die Arten der Theorien auf diesem Gebiet, ähnlich wie die Einordnung der soziologischen Theorien. Somit unterscheiden sich subjektive und objektive Annäherungen, radikale und moderate Annäherungen. Einige Autoren sprechen über vier große Paradigmen aus der Kommunikationswissenschaft:

- das funktionalistische Paradigma,
- das interpretative Paradigma,
- das radikal-humanistische Paradigma,
- das radikal-strukturierte Paradigma.

Unter dem Begriff Paradigma ist eine fachübergreifende Vision über die Welt zu verstehen, die die Entwicklung untergeordneter Theorien über diese Vision bewirkt (Weber, 2003:17). Denis McQuail spricht nur über zwei Kategorien von Paradigmen in der Kommunikationswissenschaft: das dominante Paradigma, das funktionalistisch ist und das alternative Paradigma, also das kulturelle Paradigma. Eine Theorie besteht aus einer Reihe von Ideen, die uns dazu verhelfen, ein Phänomen zu verstehen, in bestimmten Situationen zu handeln und Voraussagen zu machen. Aus der medien-kulturellen Perspektive wird dem Medieninhalt eine wichtige Rolle zugesprochen, der Empfang der Botschaft wird von der Umgebung bedingt. Die medien-materialistische Perspektive wird von den wirtschaflich-sozialen und den technologischen Aspekten vertreten. Der Einfluss der sozialen Faktoren auf die Medienproduktion und den Empfang, die Art und Weise in der die Medien im gesellschaftlichen Leben funktionieren, sind wichtige Fragen, die durch die Theorien, die zur soziokulturellen Perspektive gehören, beantwortet werden. Die sozial-materialistische Perspektive unterstreicht die Idee, dass die Medien eine Widerspiegelung der materiellen und wirschaftlichen Umstände der Gesellschaft sind. (McQuail,1994: 4).

Das dominante Paradigma ist funktionalistisch, ein empirisches Paradigma. Gemäß dieses Paradigmas ist der Kommunikationprozess für die Gesellschaft entscheidend. Man verwendet eine Reihe von Methoden und Untersuchungstechniken, die als die besten Ergebnisträger angesehen werden. Die zentrale Annahme ist, dass die anscheinend erfolgreichen Gesellschaftsformen die besten zur Verfügung stehenden Formen für die aktuelle Entwicklung der Gesellschaft sind. Das Vorhandensein bestimmter Organisationen wird unterstützt, um Machtstrukturen und soziale Beziehungen zu erzielen. Es gibt eine Begründung für die Mobilisierung rund um Informationen über Ereignisse und gesellschaftliche Begebenheiten. Die ersten Wirkungen konkretisieren sich in der sozialen Harmonie, in der Verteilung von symbolischen Preisen und Strafen für die Erhaltung der sozialen Normen und die Konfliktvermeidung. Im Mittelpunkt steht die Idee der Verwendung, die sich in konkrete Ergebnisse umwandelt, wie die Publika. Das funktionalistische Paradigma fördert ein eher freiwilliges und selbstgerichtetes Abbild der Gesellschaft, als ein von den Medien manipuliertes und kontrolliertes Abbild.

So wie die Soziologie dieses Paradigma heftig kritisiert und es der theoretischen Inkonsistenz beschuldigt hat, wurde das funktionalistische Paradigma auch in der Kommunikationswissenschaft in den letzten fünfzig Jahren heftig kritisiert.

Das Hauptparadigma sieht die Massenmedien als stark an, die Betonung liegt auf der Erforschung der Kommunikationswirkungen, gewöhnlich auf den Wirkungen, die linear vermittelt werden, die Ergebnisse der Erforschung entstehen anhand quantitativer und qualitativer Methoden. Zum dominanten Paradigma gehören Theorien wie die hypodermische Nadel, das Model von Shannon und Weaver usw.

Das alternative **Paradigma** hat als Grundlage die Ideen der Frankfurter Schule, die Kommunikationsmittel werden als manipulativ und unterdrückend angesehen. Die Perspektive auf die Gesellschaft ist kritisch, die Medien sind neutral und die Anschauungsweise auf die Technologie ist nichtdeterministisch (McQuail, 1994: 48).

In seinem Versuch die theoretische Dimension der Kommunikationswissenschaft zu ordnen, schlägt Stefan Weber die folgende Hierarchie vor: Paradigmen, Supertheorien, Haupttheorien und Theorien mit mittelmäßiger Wirkung, mit anderen Worten spezifische Theorien. Der generische Begriff Supertheorie verkörpert die Metatheorien, die Theorien mit universellem Charakter. Die Haupttheorien haben meistens eine empirische Basis, funktionieren mit Hauptbegriffen, wie zum Beispiel die postmodernen Theorien über die Medien, die Semiotik, der Konstruktivismus, der Strukturalismus und der Poststrukturalismus, die Systemtheorie (die auch als Supertheorie eingestuft wird), die kulturellen Studien usw. Die spezifischen Theorien fangen von der Analyse eines spezifischen Phänomens an, zu dieser Kategorie gehört die Untersuchung des Journalismus (*Gatekeeper*), das Agendasetting, die Schweigespirale (Weber, 2003: 16-17).

Der Poststrukturalismus und der französische Postmodernismus, mit deren Vertretern Jean Baudrillard (die Simulationsthese), Michel Foucault (Diskursanalyse), Jean-Francois Lyotard (die These der großen Erzählungen der zeitgenössischen Gesellschaft), Paul Virilio (die Dromologie oder die Lehre von der Geschwindigkeit), Michel Serres (Das Kommunikationsnetz), schafft wichtige Ideen und Konzepte über die Kommunikation in der Gesellschaft. Die Rolle einiger Theoretiker wie Vilem Flusser (die Teleologie oder die Theorie über die Medien-und Gesellschaftsevolution), Peter Weibel (die Kultur des Bildes), Gerhard Johann Lischka (die Theorie der Mediatisierung) bei der Entwicklung der postmodernen Theorie darf nicht unterschätzt werden. Bestimmte Autoren sprechen über die technische Dimension der Medien, einige dieser Autoren sind Friedrich Kittler (der Medienmaterialismus), Hartmut Winkler (die Computertheorie), Jean-Louis Baudry (die Theorie des psychoanalytischen Einflusses über die Konematografie). Die kritische Theorie darf bei den Haupttheorien nicht fehlen, angefangen von Theodor Adorno und Max Horkheimer, Jürgen Habermas, Hans Magnus Enzensberger (die Theorie über die *Bewusstseinsindustrie*), Richard Münch (die Dialektik der kommunikationalen Gesellschaft), bis hin zu den kritischen Analysen der Medien, die von Noam Chomsky durchgeführt wurden. Die Theorie über den Sozialfonds des französischen Soziologen Pierre Bourdieu wird bei der Analyse des Medienkonsums und bei der allgemeinen Erforschung des Journalismus immer mehr angewandt. Die Kommunikationswissenschaft beschäftigt sich auch mit den Theorien über Zeichen, hier müssen wir folgende Namen nennen: die Väter der Semiotik Ferdinand de Saussure oder Charles Peirce, und kontemporane Autoren wie Roman Jakobson, Roland Barthes und Umberto Eco. Die Theorie der sozialen Systeme von Niklas Luhmann hat eine grosse Anwendung in der Medienforschung und Nachfolger wie Frank Marcinkowski haben diese Theorie auch auf andere Bereiche angewandt, wie den öffentliche Raum, das Mediensystem usw. (Weber, 2003: 30-39).

Weiterhin werden kurzgefasst und nicht in chronologischer Reihenfolge einige der wichtigsten Theorien über die Kommunkation im Allgemeinen und über die Medien und die Massenkommunikation im Spezifischen dargestellt.

Die publizistische Theorie ist die direkte Nachfolgerin der Theorie, die oben als Quelle der Kommunikationswissenschaft vorgestellt wurde – die *Zeitungswissenschaft*, die in Deutschland entstanden ist und von deren Vertretern wie Otto Groth als ontologische Basis der Zeitungen angesehen wird. Zeitungen weisen folgende Hauptmerkmale auf: Aktualität (Relevanz und Neuheit), Universalität (unterschiedliche Probleme sind vertreten), Periodizität (Regelmäßigkeit) und Publizität (alle Informationen sind öffentlich) (Merten, 1999: 148).

Die informationale Theorie hat im Mittelpunkt den Begriff der Information, ein Begriff, der in mehreren Wissenschaften definiert wurde: Mathematik, Kybernetik, Soziologie und Journalistik. Die Definitionen werden in drei Kategorien eingeteilt: die syntaktische (Der Begriff der Information, der in der Statistik verwendet wird. Es handelt sich hier um den Binärcode, der vom Philosophen Francis Bacon viele Jahrhunderte vor seiner Anwendung im Bereich der Informatik entwickelt wurde, einerseits semantisch (die Information als logische Wahrscheinlichkeit) und andererseits pragmatisch (die selektive Bewertung eines informationellen Angebots, wie eine Nachricht oder ein Bericht). Im journalistischen Sinne ist die Information das Kommunizieren von Inhalten, die den Empfängern zuvor nicht bekannt waren (Prakke, 1968: 56). Angesichts dieser Theorie ist die Information die wertvollste Quelle, der Informationsfluss gewinnt in den postmodernen Kulturen an Größe (McQuail, 1994: 91). Die Theorie der informationellen Faktoren gehört auch zu dieser Kategorie von Theorien. In seinem Versuch, die heutige Gesellschaft zu definieren, verwendet Daniel Bell den Begriff „postindustrielle Gesellschaft" und verfolgt die Definierung der Haupteigenschaften dieser Gesellschaft. Für diese Art von Gesellschaft steht die Informationserzeugung im Mittelpunkt, es gibt jedoch, wie bei der Gütererzeugung, die für die industrielle Gesellschaft charakteristisch ist, auch bestimmte Kosten, wie: Produktionskosten, die Kosten für die Koordinierung und die Zeit, die die Informationsverbraucher zur Verfügung haben, die meistens sehr knapp ist. Je mehr Informationen geschaffen werden, desto mehr benötigt der Zuschauer seine Selektionskraft. Bell ist der Meinung, dass diese Art von Gesellschaft eine Gelegenheit für die Entwicklung des Journalismus bietet. In der Informationsgesellschaft verspüren die Individuen einen hohen Drang, am Kommunikationsverfahren teilzunehmen, ein Interaktionsbedürfnis. Der Kampf um die knappe Zeit ist ein sehr harter Kampf (Bell, 1976: 350-355).

Bei der **funktionalistischen/empirischen Theorie** stehen die Leistungen, die Ziele und die Funktionen der Medien, besonders die Informations-, die Meinungsbildungs- und die Unterhaltungsfunktion usw. im Vordergrund. Die Medien sind für die Gesellschaft sehr wichtig, besonders bei der Anpassung, Kooperation, Ordnung, Kontrolle und Ausgeglichenheit, für die Anpassung an Änderungen, die kulturelle Kontinuität und die Kontinuität der Werte (McQuail, 1994: 81).

Die Kritische Theorie erlebte ihren Anfang, wie einige Autoren behaupten, bei der Veröffentlichung von Walter Benjamins Arbeit *Die Kunst im Zeitalter ihrer technischen Reproduzierbarkeit.* Die zentrale Fragestellung dieser Arbeit hängt mit dem Vermögen der Empfänger zusammen, ein kritisches politisches Denken zu entwickeln, da die Medien die Reproduktion der Kunst ermöglichen und somit zu Wahrnehmungs-änderungen der Inhalte führen. Die Kritik dreht sich rund um die Folgen des Medienkonsums, der der Gesellschaft ungewollt schadet. Es wurde von Anfang an Kritik an den Beziehungen der Massenmedien und der Kräftestrukturen der Gesellschaft ausgeübt. In den ersten Jahren des 20. Jh. war der soziale Kontext vom Konflikt zwischen den Kapitaleigentümern und den Arbeitern geprägt. Die Medien gelten als Manipulationskanal, der in den Händen der Kapitalisten liegt. Hier ist der Einfluss der marxistischen Theorie am offensichtlichsten. Die Medien spielen eine wichtige Rolle als Persuasionsmechanismus, der die Menschen dazu bringt, ihre wahren Interessen freiwillig aufzugeben. Für den Anfang spielen die Wirkungen der Medien eher eine zweitrangige Rolle bei der Gesellschaftsanalyse, nur später wird die Idee der Manipulation erwähnt.

Die Medienbotschaft wird von den Vertretern der Frankfurter Schule in Betracht gezogen (der Name der Institution ist *Institut für Sozialforschung,* Institut der Universität Frankfurt am Main). Die Philosophen Max Horkheimer und Theodor Adorno sehen die Medien als ein Konsumgut. 1944 erscheint das Werk mit dem Titel *Dialektik der Aufklärung.* Durch ihr Angebot an Unterhaltung lenken die Medien die Aufmerksamkeit der Menschen von den politischen Problemen ab und verhindern das Entstehen einer kritischen öffentlichen Meinung (eine Idee, die später von Habermas unterstrichen wird). Einer der verwendeten Hauptbegriffe ist der der *kulturellen Industrie.* Gemäß der kritischen Theorie berücksichtigt diese Art von Industrie die Wünsche der Kulturverbraucher nicht, das Prinzip des Umsatzes steht im Vordergrund und bestimmt die Entwicklungsrichtung. Eigentlich ändern sich die kulturellen Produkte nicht, nur ihre Präsentationsform ändert sich manchmal. Das Medienangebot ist riesig, es handelt sich jedoch um dieselbe Art von Unterhaltung. Der Kulturverbraucher ist nicht das Subjekt dieser Art von Kultur, sonder ihr Objekt

(Merten, 1999: 162). Die technische Rationalität ist eine Rationalität der dominanten Klasse. Die kulturelle Industrie entwickelt triviale Formen wie Zeichentrickfilme, Krimiserien und nicht zuletzt die Werbung. Adorno spricht in seiner letzten Arbeit über die Ideologie des Fernsehens, eine Ideologie, die den Antiintellektualismus fördert (Schicha, 2003: 108-112). Kurzgefasst behauptet die frühe kritische Theorie folgendes: die Medieninhalte dienen dem Konsum, ihre Verbreitung hat zwei Hauptfunktionen, die erste ist die Sicherung des Konsums für die Zukunft und die zweite das Vermeiden, dass die Verbraucher über ihre Lage nachdenken.

Angefangen mit den 60er Jahren wurde der kritische Sinn um neue Sichtweisen über die Einstellungen der Gesellschaft bereichert, besonders über Positionen wie die Einstellung gegen den Krieg, gegen die Aufrüstungspolitik, den Imperialismus. Lasswells Formel wird in der kritischen Theorie folgendermaßen übersetzt: der Kommunikator, der Erzeuger der Botschaft ist der Kapitaleigentümer, die Botschaft ist eine manipulative Botschaft, die die Umsatzsteigerung verfolgt, die Nachricht muss schnell verbraucht werden, um den Wunsch nach mehr entstehen zu lassen, und der Empfänger wird anhand seiner Klassenzugehörigkeit, oder besser, seiner Zugehörigkeit zu einer bestimmten sozialen Umgebung, bestimmt. Die Wirkung ist die vom Kommunikator gewünschte Wirkung, im Sinne der Manipulation der Verbraucher. Die neuen Ansätze der kritischen Theorie haben als Grundlage die Idee der Verhandlung jedes Sinnes (McQuail, 2002).

Neben Jürgen Habermas, dessen Theorie in einem anderen Kapitel ausführlich vorgestellt wird, der vom öffentlichen Raum und öffentlicher Meinung gesprochen hat, gibt es auch andere Vertreter der kritischen Theorie, wie Hans Magnus Enzensberger, den Soziologen Richard Münch und den Philosophen Dieter Prokop, der sich gegen das, was er als *das Oligopol der kapitalistischen Medien* bezeichnet, stellt. Der deutsche Philosoph und Literaturkritiker Hans Magnus Enzensberger schlägt die Emanzipation des Verbrauchers vor, und für Prokop ist die öffentliche Meinung keine politisch kritische Meinung, sondern eher eine öffentliche Meinung des Publikums. Inspiriert von Habermas, beschäftigt sich Richard Münch mit den Bedingungen, in denen die Reden der Medienkommunikation in der heutigen Gesellschaft entstehen. Sein theoretischer Ansatz wird als *Dialektik der kommunikationalen Gesellschaft* bezeichnet. Diese Reden verlaufen im wirtschaftlichen, politischen beziehungsweise rechtlichen Rahmen der Gesellschaft, das Hauptproblem ist die Inflation der Wörter, ein Problem, welches er als genauso wichtig wie die eigentliche Inflation ansieht. Die Medienvorführung wird wichtiger als der Kommunikationsinhalt, die Einfachheit und die dramatische Dimension sind der Schlüssel zur Aufmerksamkeitserregung. Der Erfolg oder Misserfolg der politischen Entscheidungen wird von der Art und Weise bestimmt, in der diese Entscheidungen öffentlich thematisiert werden (Schicha, 2003: 121-123). Die kritische Theorie hat ihre Grenzen, die meiste Kritik wird wegen des Mangels an empirischen Beweismitteln und wegen dem viel zu generellen Charakter geübt, sowohl das Publikum, als auch das Medienangebot werden in einer viel zu homogenen Art betrachtet, was weit entfernt von der aktuellen Wirklichkeit ist.

Die kulturellen Theorien betreffen ästhetische, moralische und normative Aspekte, die mit den kulturellen und den Medienwerten in Verbindung stehen. Bis zu einem gewissen Punkt überkreuzen sich die kulturellen mit den kritischen Theorien, die 60er Jahre waren ein Wendepunkt für die kritische Annäherung an die Medien. In den darauf folgenden Jahrzehnten hat sich die Kritik der Massenkultur vermindert, die Wirklichkeit der populären Kultur ist in den Vordergrund getreten. Diese wurde als Ausdruck des Widerstandes gegen die dominante Ordnung betrachtet. Das Modell der linearen Kommunikation wird zugunsten eines kulturellen Modells aufgegeben, in dem der Kommunikationsprozess als Ritual und als symbolische Interaktion angesehen wird. Die technologischen Kommunikationsmittel werden den kulturellen Bedeutungen untergeordnet, die Technologien können nicht als unabhängige Variablen im sozialen Kontext abgegrenzt werden (McQuail, 2002). Zu dieser Kategorie gehören die kulturellen britischen Studien, die im Kapitel über die Wirkungen der Medienkommunikation ausführlicher behandelt werden.

Die Theorie der Medienwirtschaft stammt, der Ansicht der politischen Wirtschaft nach, aus denselben marxistischen Wurzeln, wie die kritische Theorie (wir sollten den Begriff der kulturellen Industrien nicht vergessen). Deswegen sind bestimmte Ideen der politischen Wirtschaft auch in den kulturellen Theorien anzutreffen (zum Beispiel in der britischen Kulturwissenschaft). Die wirtschaftliche Kontrolle ist entscheidend, die Medienstrukturen zielen auf die Fokussierung, auf die Internationalisierung und auf die globale Integration, zum Nachteil einer Vielfalt an Meinungen. Die Minderheitenstimmen werden verdrängt und das öffentliche Interesse ist dem privaten wirtschaftlichen Interesse untergeordnet (McQuail, 1994: 83). Die Theorie oder die Theorien der politischen Wirtschaft sind in einem fachübergreifenden Raum entstanden, bei der Überkreuzung der Politikwissenschaft, der Wirtschaftswissenschaft und neuerdings der Kommunikationswissenschaft. Es werden die wirtschaftlichen Funktionsbedingungen des Mediensystems analysiert und gleichzeitig die Folgen der wirtschaftlichen Dimensionen des Mediensystems auf die ganze Gesellschaft untersucht. Die Medienwirtschaft begrenzt sich nicht nur auf die Beobachtung der wirtschaftlichen Aspekte, sondern betrachtet auch die Folgen der Wirtschaft auf das kommunikationale, beziehungsweise informationale System. Die Schlüsselbegriffe sind: *Oligopol, Monopol, Konzentration, Liberalisierung, Marke, die Medienfinanzierung durch Werbung, das duale Mediensystem* (öffentlich und privat), *die Konvergenz der Medienangebote aus wirtschaftlichen Gründen* usw. 1990 veröffentlichen Scherer und Ross das Modell der Beziehung zwischen der Marktstruktur, dem Verhalten und den Wirkungen auf dem Medienmarkt - eines der beliebtesten Modelle der Forscher, die sich mit der Medienwirtschaft beschäftigen (Just/Latzer, 2003: 96-97).

Die Feministische Theorie spricht über eine direkte Sender-Empfänger Beziehung, in der die Medien Botschaften über Geschlechter an das breite Publikum senden. Es geht meistens um folgende drei Themen: Stereotypen über die Geschlechter, Pornografie, Ideologie. Der Feminismus behauptet, dass die Hersteller der Medien-botschaften meistens Männer mit einem sehr guten finanziellen Status sind, die durch diese Botschaften das patriarchalische Schema wiedergeben. In den Organigrammen der Medienanstalten erscheinen Frauen in den Berufen, die schlechter bezahlt werden. Einige Autoren sind der Ansicht, dass dies eines der Gründe für die unrealistische Wirklichkeitsdarstellung ist. Die Medien präsentieren die Wirklichkeit unrealistisch, es erscheinen weniger Frauen in den Medieninhalten, obwohl mehr als die Hälfte des Globus von Frauen bewohnt ist. Die Definierung der Weiblichkeit wird angesprochen, Eigenschaften wie Gutmütigkeit, Anpassungsfähigkeit werden als Tugenden in den Medien dargestellt und der Verbrauch wird als der Weg zur Selbsterfüllung gezeigt.

Die Werbung wurde auch nicht von der feministischen Kritik verschont. Forscher wie Linda Lazier-Smith sprechen über eine kulturelle Verspätung des weiblichen Images in der Werbung, ein Image, das den Änderungen in der Gesellschaft nicht entspricht. Die Wünsche der Frauen gehen weit über die häuslichen Aspekte hinaus, was in den Medien minimalisiert wird, während im echten Leben viel zu wenige Frauen die Rolle der Femme fatale spielen möchten, eine Rolle die sehr mediatisiert wird. Was die Echtheit des Geschlechtes angeht, sind die Meinungen zwischen den Anhängern des Feminismus gespalten. Deren Meinung ist, dass die Rolle der Frau sowohl kulturell als auch historisch ist, Frauen dürfen nicht nur als eine demografische Kategorie angesehen werden, jede Forschungsentscheidung für die Bestimmung des Medieninhalts muss nicht nur den Vorlieben des Publikums entsprechend überdacht werden (McQuail, 2002).

Unter Sozialisierung versteht man die Weitergabe einiger Normen und Werte gegen symbolische Vergütungen und die Bestrafung einiger Verhaltensarten; mit Hilfe des Lernprozesses lernen die menschlichen Wesen, wie sie sich in bestimmten Situationen verhalten sollten und welchen Erwartungen sie standhalten sollten. McQuail verwendet auch bei der Erforschung der Medienwirkungen den experimentellen sozial-psychologischen Ansatz, die Auseinandersetzung mit der Botschaft und danach die Befragung. Die Ergebnisse sind meistens entgegengesetzte Ergebnisse und ausgesprochen interessant. Eine letzte Pseudo-Studie in Richtung des Verhaltens der Geschlechter wurde im britischen Fernsehen im Jahre 2004 vorgestellt. Eine neue Version von *Big Brother, reality show,* in denen die Protagonisten Kinder im Alter von 7 bis 12 Jahren sind, führte zu unerwarteten Ergebnissen. Gruppen bestehend aus 10 Jungen beziehungsweise zehn Mädchen werden zu verschiedenen Zeitpunkten im selben Haus alleine gelassen. Sie können machen was sie wollen und werden natürlich von Kameras überwacht. Während die Jungs es bevorzugen, weniger harmonische Formen zu zeichnen, sich mit Kissen und Wasserpistolen anzugreifen, in Chaos zu leben und um das Lagerfeuer herum zu spielen, organisieren die Mädchen Modeshows, schminken sich, probieren in der Küche Omas Rezepte aus und zeichnen Blumen auf die Wände. Dieses Experiment beweist nichts anderes als die Tatsache, dass in diesem Alter die Rollen in gewissem Maße schon verinnerlicht sind. Einige behaupten sogar, dass dieses unterschiedliche Verhalten angeboren sein könnte.

Die Unterscheidung der *Geschlechter* wird zum ersten Mal im feministischen Vortrag von G. Rubin angesprochen, und eines der umstrittenen Konzepte war das *Performing Gender* Konzept von J. Butler. Für die Vertreter dieser Theorie ist das Geschlecht eine soziale und kulturelle Konstruktion. Die Gesellschaft, in der wir leben, ist eine Gesellschaft der Unterschiede, nicht nur was die Sprache betrifft. Gemäß den feministischen Theorien ist das Geschlecht Teil der Kultur, das Sinn schafft und das Thema eines ständigen Kampfes und Verhandlung ist. Die meisten anfänglichen feministischen Studien kreisen rund um die Frage: *was machen die Medien aus Frauen?* Andere Untersuchungen haben sich zu den von Frauen verwendeten Medien die Frage gestellt: *was machen die Frauen mit den Medien?* Hier gehen die Antworten auf das Gebiet des Nutzens und der Belohnung über: die Telenovelas erfüllen das Bedürfnis der emotionalen Befreiung, der Identifizierung, des Eskapismus, aber auch der Informierung, der sozialen Integration, die Zeitschriften pflegen ein Gefühl der Freundschaft, der Vertraulichkeit der Leserinnen usw. Der radikale Feminismus der 70er Jahre wurde durch einen feineren Feminismus ersetzt. Die Rezeptionsanalyse hat eine neue Perspektive für die feministische Forschung eröffnet (die klassische Studie in diesem Sinne wurde von Ien Ang 1985 veröffentlicht und wurde in Holland durchgeführt, es ging um die Serie *Dallas*, die in 90 Ländern ausgestrahlt wurde). Immer mehr Stimmen aus der Richtung der Naturwissenschaften bestreiten die These, anhand derer das Geschlecht etwas ist, das sozial erlernt wird und sie unterstreichen die psychologischen und Verhaltensunterschiede zwischen Männern und Frauen.

Die linguistische Theorie ist vom wissenschaftlichen Ansatz der 60er Jahre gekennzeichnet, der als Grundlage die Semiotik und den Strukturalismus hatte. Was in der Fachliteratur als *linguistic turn* bekannt ist, konnte nicht auf dem Gebiet der Kommunikationswissenschaft fehlen. Der Hauptbeitrag dieser Theorie ist die Art und Weise, in der erklärt wurde, wie der Medientext funktioniert, was die Bedeutung angeht, die durch das Zeichensystem kodiert ist. Unter Verwendung der semiotischen Instrumente konnten die Werbewirkungen tiefer analysiert werden.

Die Normative Theorie hat als Hauptthese die Tatsache, dass in den demokratischen Systemen die Massenmedien den Erwartungen des Publikums entsprechen sollten und gleichzeitig ethische und normative Regeln einhalten sollten. Die Redefreiheit wird dank eines Kompromisses zwischen den politischen und den Medienanstalten eingehalten. Die Anwendung einer angemessenen öffentlichen Politik ist nötig, um zum Beispiel die Rolle des öffentlichen Fernsehens zu erhalten. In einer demokratischen Gesellschaft sind die Kommunikationsprozesse viel zu wichtig, um in irgendeiner Weise geregelt zu werden. Die Entwicklung der normativen Annäherungen wird sowohl vom technologischen Weg, als auch vom sozialen, politischen, kulturellen und globalen Klima beeinflusst (McQuail, 2002). Trotz der Ähnlichkeit der Medienanstalten in den verschiedenen Gesellschaften haben die Regelungen in diesem Bereich einen nationalen Charakter, sogar auf dem Niveau der Europäischen Union. Einige behaupten, dass der Medienbereich ziemlich geregelt ist. In den normativen Ansätzen werden Probleme wie die Konzentration und das Monopol auf dem Medienmarkt, die Qualität der Informationen, die öffentliche und gesellschaftliche Sicherheit sowie die Grenzen der Vermarktung angegangen (McQuail, 1994: 139). .

Die Qualität der Informationen weist eine praktische Relevanz für die Informationsgesellschaft auf. Die Objektivität der Informationen in der Kommunikations-wissenschaft überträgt sich auf die Objektivität der Nachrichten, die mit ihrer Beschaffung, Bearbeitung und Präsentation in Verbindung steht. Die Neutralitätsposition gegenüber dem Nachrichtengegenstand ist sehr wichtig. Die Objektivität setzt eine nicht diskriminatorische Einstellung gegenüber der Quelle voraus und spiegelt sich sowohl in der Präsentationsform, als auch im zugeteilten Medienraum wieder. Die Trennung zwischen dem redaktionellem Teil und dem Vermarktungsteil, die in letzter Zeit ziemlich unscharf geworden ist aufgrund einiger Praktiken, wie zum Beispiel *product placement* oder *idea placement,* gehört auch zur Objektivität. Die Objektivität erhöht in den meisten Fällen den Marktwert eines Informationsproduktes und die Klausel der Informations-objektivität hat einen normativen Wert in einigen europäischen Ländern, besonders für das öffentliche Fernsehen, aber nicht nur. Die Objektivität der Information hat nach dem schwedischen Forscher Westerstahl zwei Dimensionen: die faktische Dimension, also Wahrheit, Relevanz, Informationswert; und die Dimension der Unparteilichkeit, also Gleichgewicht, Neutralität. Die meisten Probleme entstehen wegen der Informations-quellen sowie wegen der Auswahl der angemessenen und relevanten Informationen.

Ein anderes von den Theoretikern der letzten Jahre oft verwendetes Syntagma ist das über die Mediengesellschaft. Die Eigenschaften solch einer Gesellschaft entwickeln sich in vier Dimensionen: die zeitliche, die räumliche, die objektive und die soziale Dimension. Die Anwesenheit der Medien im sozialen Leben ist sehr prägnant, sowohl was die öffentlichen Akteure, als auch was die Freizeitbeschäftigungen des Publikums angeht. Die Medien sind allgegenwärtig, die neuen Technologien überschreiten die räumlichen Schranken. Es ist eine verbreitete Frage, ob die Medien eine Widerspiegelung der sozialen Wirklichkeit sind, sie berücksichtigen eine gewisse Trennung anhand sozialer Merkmale (Jäckel, 2008: 21).

Die Systemtheorie oder die systemische Theorie basiert auf dem Begriff des *Systems,* ein Begriff, der zum ersten Mal im 18. Jh. verwendet wurde. Der erste Theoretiker, der eine generelle Systemtheorie entwickelt hat, war Ludwig von Bertalanffy, für den *ein System ein Ganzes ist, das aus seinen Bestandteilen besteht, die bestimmte Beziehungen zueinander haben.* (Weber, 2003: 203). Der Begriff *System* stammt von dem griechischen Begriff *systema.* Von Bertalanffy unterscheidet zwischen den offenen und den geschlossenen Systemen. Norbert Wiener trägt zur Entwicklung dieser Theorie aus einer kybernetischen Perspektive bei. Der deutsche Soziologe Niklas Luhmann ist wahrscheinlich der bekannteste Vertreter dieser Theorie in den Naturwissenschaften. Er wurde von Theoretikern wie George Spencer Brown (*Laws and Form*), Ranulph Glanville und Heinz von Foerster beeinflusst. Die Systeme unterscheiden sich von der Umgebung. Anfang der 80er Jahre schlägt Luhmann eine wahre Umwandlung der Theorie vor und spricht über *die Selbstreferentialität* der Systeme. Die Systeme bleiben auch für Luhmann autark. Hier spürt man den Einfluss des Konstruktivismus und besonders den von Herbert Maturana. Luhmann unterscheidet vier Systemkategorien: die Maschinen, die biologischen Systeme oder die Organismen, die psychischen und die sozialen Systeme. Die letzten drei Systemkategorien haben einen autopoetischen, selbstreferentiellen Charakter. Das menschliche Wesen ist ein Konglomerat von biologischen, psychischen und sozialen Systemen.

Ins Zentrum seiner theoretischen Beschäftigungen stellt Luhmann, wie erwartet, die sozialen Systeme. Die Evolution der Gesellschaft fängt mit einer primären Systemsegmentierung an, geht weiter über die hierarchischen Segmentierung und gelangt schließlich (das religiöse, das politische) zur funktionalen Trennung. Im Laufe der Geschichte befindet sich ein System oder ein anderes an der Führungsposition der Gesellschaft. In der heutigen Periode kann man jedoch in den demokratischen Gesellschaften nicht über die Überlegenheit von irgend einem wirtschaftlichen, politischen, religiösen, künstlerischen, rechtlichen, wissenschaftlichen, Mediensystem usw. sprechen.

Die Systemtheorie wird im journalistischen Bereich zum ersten Mal von Manfred Rühl 1979 angewandt, dieser sieht die Redaktionen als wahre Systeme. 1993 veröffentlicht Frank Marcinkowski die Arbeit *Publizistik als autopoetisches System,* eine Arbeit, die auch heute als Grundstein für die Anwendung der Systemtheorie in der Kommunikationswissenschaft gilt. Die Publizistik ist ein soziales System und der Unterscheidungscode ist für Marcinkowski das dichotomische Paar *öffentlich/nicht öffentlich,* im Unterschied zu Luhmann, der die *Information/Nichtinformation* als Unterscheidungscode dieses Systems betrachtet. Die Hauptfunktion der Publizistik in der Gesellschaft ist es, die Möglichkeit zu bieten, dass sich die Gesellschaft selbst betrachtet und sieht, wie bestimmte Teile ihrer selbst funktionieren. Andere relevante Autoren, besonders aus dem deutschsprachigem Raum, wo die Systemtheorie sehr hoch angesehen wird und in der wissenschaftlichen Gemeinschaft angewandt wird, sind Bernd

Blöbaum mit seiner Arbeit *Journalismus als soziales System* (1994), Alexander Görke und Matthias Kohring, die diese Theorie auf die Werbung und auf die Öffentlichkeitsarbeit im Jahre 1997 anwenden, Armin Scholl und Siegfried Weischenberg (1998), Michael Fieske und Peter Fuchs, die 1998 aus einer systemischen Perspektive die virtuelle Welt analysieren (*world wide web*). Die Anwendung eines solchen Instruments kann auf den Mikro-, Mezzo- und sogar Makro-Niveaus der Gesellschaft erfolgen.

Die Kritik an dieser Theorie kann folgendermaßen zusammengefasst werden: zu weit entfernt vom tautologischen Empirismus, zu wenig kritisch der dominanten Klasse gegenüber. Mehr noch, es gibt keine expliziten Forschungen im Bereich der Unterhaltung, die wirtschaftliche, die Mediendimension, die in letzter Zeit sehr viel an Wichtigkeit gewonnen hat, ist in dieser Annäherung selten vertreten. Eine bessere Integration der Untersuchungen auf dem Mikro- beziehungsweise Makro-Niveau ist nötig, eine Einbeziehung der individuellen oder kollektiven Akteure in der Systemforschung ebenfalls (Weber, 2003: 215-219).

Der Konstruktivismus

Die Anwesenheit dieser Theorie in der Kommunikationswissenschaft ist relativ neu. Die Hauptbegriffe sind *Medien, Betrachter, Wirklichkeit, Konstruktion, Kultur, Kenntnisse und Kommunikation.* Der Konstruktivismus steht im Gegensatz zum Realismus und zum Materialismus. Diese Theorie besagt, dass es keine objektive Wirklichkeit *a priori* gibt, sondern dass diese stufenweise von den Individuen aufgebaut wird. Als Grundsatz dieser Theorie steht in der Kommunikationswissenschaft die Aussage von Paul Watzlawick von 1969, *man kann nicht nicht kommunizieren.* Gregory Bateson ist für die Definierung des Begriffs Information aus dieser Perspektive zuständig und der Kybernetiker Heinz von Foerster, obwohl er sich nicht als Vertreter des Konstruktivismus bekennt, teilt die Idee von Watzlawick, dass das Umfeld nicht von Individuen *entdeckt* wird, sondern von ihnen *erfunden* wird. Der Epistemologe Humberto Maturana wird als ein wichtiger Vertreter des Konstruktivismus angesehen, seine Ideen werden auch von der Systemtheorie durch Luhmann aufgenommen.

Die soziale Konstruktion der Wirklichkeit ist ein thematisierter Begriff, besonders von Siegfried J. Schmidt. Sie wird von einem selbstkonstitutiven Kreislauf bestimmt, bestehend aus vier Elementen: Erkenntnis (Kognition), Kommunikation, Medien und Kultur. Unter *Medien* versteht

Schmidt folgendes: die semiotischen Instrumente der Kommunikation (zum Beispiel die Sprache), die Materialien der Kommunikation (zum Beispiel die Zeitungen), die technischen Mittel für die Schaffung der Inhalte (zum Beispiel der Computer oder der Fotoapparat), die Organisationen, die Medieninhalte schaffen und verbreiten und die Medieninhalte selbst (Weber, 2003: 188).

Der Konstruktivismus hat sich als eine Alternative zum starken Realismus in der Kommunikationswissenschaft entwickelt. Die Empfänger bestimmen die Wirklichkeit, die Medien stellen das her, was man als Medienwirklichkeit bezeichnet, besonders durch die Nachrichten. Die Anwendungen werden nicht nur in der Untersuchung des Journalismus vorgefunden, sondern auch in den wissenschaftlichen Annäherungen an die Werbung und die Öffentlichkeitsarbeit, einer der Vertreter dieser Annäherung ist Klaus Merten, für den die Öffentlichkeitsarbeit ein absichtlicher Prozess ist, durch den die Konstruktion einer Wirklichkeit durch Bilder verfolgt wird (Merten, 1999). Gianni Vattimo und Wolfgang Welsch sind der Ansicht, dass sich die Medienfunktion in letzter Zeit verändert hat, dass sie von der Übermittlung der Wirklichkeit zur Prägung der Wirklichkeit übergegangen ist, die neuen Medien, besonders das Internet unterstreichen diesen Übergang. Eine der Theorien, die sich in den letzten 15 Jahren entwickelt haben, wurde verwendet, um unter anderem den Begriff *media relations* zu erklären, es geht um die *Frame-Theorie,* mit anderen Worten die Theorie der interpretativen Rahmen (inspiriert vom amerikanischen Soziologen Goffmann und explizit in der Kommunikationswissenschaft von Iyengar, Kinder, Scheufele, Matthes usw. angewandt).

Die Kritik, die auf den Konstruktivismus ausgeübt wird, ist auf folgende Ideen fokussiert: Konzepte aus den Naturwissenschaften werden übernommen, besonders aus der Biologie, und werden bei der Auswertung der sozialen Prozesse verwendet, der erstellte Dualismus Wirklichkeit-Wirklichkeit verfügt über keine solide kognitive Basis. Wenn die objektive Wirklichkeit nicht wahrgenommen werden kann, woher wissen wir dann, dass sie nicht wahrgenommen werden kann (Weber, 2003: 187-196).

Die Kommunikationswissenschaft ist ein dynamischer Fachbereich, viele der oben vorgestellten Theorien überlappen sich und ermöglichen somit eine angemessene Präsentation der Kommunikationsproblematik. Die Theorien sind unterschiedlich, aber es sind auch bestimmte dominante Themen vorzufinden, wie die Beziehung zwischen den Medien und dem technologischen Prozess, die Beziehung zwischen Sender und Empfänger, die Problematik der kulturellen Identifikation und der kulturellen Kohäsion, das Problem des öffentlichen Interesses und der Meinungsfreiheit usw.

4. Medientheoretiker

4.1. Marshall McLuhan und *der technologische Determinismus*

Der technologische Determinismus wurde unter anderem von der Schule in Toronto durch H. M. Innis, Marshall McLuhan und später Derrick de Kerckhove vertreten. Die Kommunikationstechnologie ist für die Gesellschaft grundsätzlich, jede Technologie hinterlässt ihren Abdruck auf der Form und dem Inhalt der Medien. Die Verwendung der Kommunikationstechnologie beeinflusst den sozialen Wandel und die kommunikationalen Revolutionen führen zu sozialen Revolutionen (McQuail, 1994: 86).

Die ersten Veröffentlichungen von Marshall McLuhan markieren einen sehr wichtigen Moment in der Entwicklung der Kommunikationswissenschaft. Für McLuhan ist der radikale Aufprall der neuen Kommunikationsformen auf die räumlichen und zeitlichen Dimensionen, aber auch auf die menschliche Wahrnehmung, eine dominante Idee. Unter dem Einfluss des Kulturalismus, sich von den technischen Erklärungen zu entfernen, beschuldigen ihn seine Kritiker des *technologischen Determinismus.* Jedoch haben einige postmoderne Theoretiker wie Jean Baudrillard einige Aussagen von McLuhan übernommen, wie die über den Unterschied zwischen den verschiedenen Möglichkeiten von Kulturtransfer (mündlicher, literarischer, elektronischer) und über die Einteilung der sozialen intersubjektiven Beziehungen seitens der Massenmedien. Der Beitrag von McLuhan bei der Erstellung einer sozialen Theorie der Massenkommunikation ist, trotz der Kritiken, unumstritten. Forscher wie der Wirtschaftswissenschaftler Innis, James Carey und Walter Ong haben ähnliche Ideen wie McLuhan über die Massenkommunikation geäußert. Innis äußert in einem 1951 veröffentlichen Band seine Idee, die besagt, dass die Medien, wie das Pergament, der Ton oder der Stein, die früher dominant waren, eher zeitlich und nicht räumlich beständig sind. Die tragbaren Medien haben zur Entwicklung der administrativen und politischen Beziehungen geführt. Das Fehlen des Schreibens ermutigt die menschlichen Gesellschaften, die starke temporale Neigungen aufweisen; die schriftlichen Traditionen geben der Zukunft einen Bezug zur Vergangenheit. Die temporal ausgerichteten Medien spielen eine extrem wichtige Rolle bei der Unterstützung der religiösen, auf Traditionen ausgerichteten Formen. James Carey assoziiert die Zeit mit dem Heiligen, die Moral mit dem Geschichtlichen, den Raum mit der Gegenwart und der Zukunft, die Technik mit dem Säkularen (2007b).

Das erste wichtige Werk von McLuhan ist *The Mechanical Bride,* veröffentlicht 1951, wo er unter den Einflüssen der ersten Phase der Frankfurter Schule und der Sensibilität von Raymond Williams stand. Die elektronischen Medien werden wegen deren Möglichkeiten zur Kontrolle und Manipulation kritisiert. Die amerikanischen Medienverbraucher werden nur als *Rating*-Erzeuger angesehen. Die Werbung wird kritisiert, weil sie soziale Unterschiede, ideologische kommerzielle Masken herstellt, die sich auf die Kauf- und Verkaufspraxis auswirken.

Die These, die McLuhan berühmt gemacht hat, besagt, dass nicht der kulturelle Inhalt der Medien an erster Stelle steht, sondern die Natur der Medien selbst. *The medium is the message (das Medium ist die Botschaft),* ist der Titel seines nächsten Werks, ein Werk, das ihn berühmt gemacht hat. Der Band beginnt mit der Warnung des kanadischen Forschers vor die Folgen der Automatisierung in allen Bereichen, einschließlich im Medienbereich, für ihn gibt es keinen Unterschied zwischen einer Popcornmaschine und teuren Kraftfahrzeugen. Seine Theorie beeinflusst auch die Literatur, Paul Auster veröffentlicht sein Buch *The Book of Illusions,* inspiriert von McLuhan.

McLuhan wiederholt immer wieder die Idee, dass es unbedingt nötig ist, die Art, in der die technischen Formen die Wahrnehmung der Medien beeinflussen, zu studieren. Ein solches Beispiel wäre die Wiederkontextualisierung der sozialen Beziehungen, dank des elektrischen Stroms. Die modernen Technologien werden nicht mehr als schlecht für die Gesellschaft angesehen, im Gegenteil, so wie das Rad eine Verlängerung des menschlichen Beines ist, ist das Radio eine Verlängerung des menschlichen Ohres, das Buch eine Verlängerung des menschlichen Auges usw. Die Medien sind also wichtig wegen ihrer Wirkungen und nicht wegen ihres Inhalts, so wie die meisten Theorien über die Medienwirkungen behaupten, die in einem anderen Kapitel behandelt werden. Bei der Analyse von McLuhans Werken erkennt Umberto Eco einige Fehler bei der Verwendung der Begriffe *Kanal, Code und Botschaft,* zwischen denen der kanadische Autor keinen terminologischen Unterschied macht, ein Unterschied, der in der Kommunikationswissenschaft klassisch geworden ist (Eco, 1985: 260).

In dem Buch *The Gutenberg Galaxy* (1962) spricht McLuhan über die Wirkungen der Kultur auf die Gesellschaft, über das Speichern der Informationen in Büchern. Benedict Anderson bemerkt den Einfluss des Buchdruckes und der Bücher auf die Entwicklung des Nationalismus, wenn die Gesellschaft nicht mehr der religiösen Kontrolle unterliegt. Die folgenden Jahrzehnte waren sehr wichtige Momente in der Kulturgeschichte. Man kann sogar von einer kulturellen Revolution sprechen, die der Entdeckung des Buchdruckes folgt. So wirkt die Hegemonie der lateinischen Sprache schwächer als die nationalen Sprachen, die die nationalen Gefühle unterstützen, das Monopol der religiösen Trennungen wird von den laizistischen Schriften zerstört, die immer mehr in die Häuser der Adelsfamilien eindringen. Die mündliche Sprache wird von der visuellen Dimension der Sprache ersetzt: dem Schreiben. Die mittelalterliche Schule, die hauptsächlich für das Ohr bestimmt war, wird von der modernen Schule ersetzt, eine Schule, die hauptsächlich für das Auge bestimmt ist. Der Buchdruck ist für McLuhan eine Technologie, die den Individualismus fördert, Gutenbergs Buchdruck hat Zeit und Raum messbar gemacht (Balaban, 2007b).

Es folgt die nächste historische Periodisierung:

- die Periode der mündlichen Übertragung ist charakterisiert durch eine Art Verschluss, die Erfahrungen sind individuelle Erfahrungen über die Weltwahrnehmung, die Kenntnisse werden mündlich übertragen, Auge und Ohr sind extrem wichtig, das eigene Gedächtnis ist das Medium, in dem die Information gedruckt und registriert wird und die Mobilität der Bevölkerung ist sehr eingeschränkt;
- das Zeitalter des Schreibens und des Buchdrucks ist nicht nur durch eine andere Wahrnehmung des Raumes charakterisiert, sondern von einer anderen Form des Denkens, der systematischen Reflexion, der Introspektion und des abstrakten Denkens, die Möglichkeit der Informationsspeicherung hängt nicht mehr von den Grenzen des menschlichen Körpers ab; es ist das Zeitalter, in dem die Entwicklung der Rationalität gefördert wird und die Grundlagen des Individualismus gelegt werden;
- das elektronische Zeitalter eröffnet neue Perspektiven für die Erweiterung der menschlichen Wahrnehmung durch die Sinne, die Medien ermöglichen eine andere Annäherungsweise gegenüber Zeit und Raum, eine nichtlineare Weise und es entsteht das so genannte global village (über dieses Thema hat McLuhan in einem seiner Werke, das postum erschienen ist, geschrieben).

Die Medien werden von McLuhan in *kalte Medien und warme Medien* eingeteilt. Die kalten Medien lassen dem Publikum mehr Freiraum bei der

Beteiligung und die Intensität der Informationen ist geringer, die warmen Medien definieren sich durch ihre dichotomen Eigenschaften im Bezug auf die kalten Medien. Das beste Beispiel für kalte Medien ist das Telefon, welches ein dialogisches Medium ist, das einen Kommunikationsprozess voraussetzt, es macht die Benutzer immer erreichbar und dezentralisiert die Entstehung der Information. Das Fernsehen ist ein kaltes medium für McLuhan, der Film ist ein warmes Medium, weil die Trennung der Zuschauer im Kinosaal eine Form der Beteiligung begünstigt. Diese Art der Klassifizierung wurde sehr oft kritisiert. McLuhan und später Postman haben sich mit den Wirkungen des Fernsehens auf Kinder beschäftigt, und waren der Meinung, dass die Entstehung der Zeichntrickfilme ein erster Schritt in Richtung der Änderung der Weltwahrnehmung war. Angefangen vom bekannten Beispiel von den im Fernsehen ausgestrahlten Duellen, die in den Vereinigten Staaten von Amerika im Jahre 1960 zwischen den zwei Präsidentschaftskandidaten Richard Nixon und John F. Kennedy stattgefunden haben, konnte McLuhan nicht darauf verzichten, über die Wirkungen des Fernsehens auf das politische Leben zu berichten, da vor diesen Duells bekannt war, dass die Meinungsumfragen ergeben hatten, dass Nixon 47% der Stimmen erhalten würde, während Kennedy nur 46% erhalten würde. Nach diesen ausgestrahlten Duells stand Kennedy als Gewinner mit 49,7% da und Nixon mit nur 49,7% der Stimmen. (McLuhan, 1962).

McLuhan ist der Meinung, dass die Moderne die zeitliche und räumliche Neuzuordnung der Information begünstigt, die Kommunikationssysteme stellen schnelle Verbindungen zwischen Menschen und verschiedenen Wirklichkeiten her. Die schnelle Entwicklung der neuen Medien hat die visuelle Neigung der schriftlichen Kommunikation unterbrochen und hat den Menschen eine unparteiliche Kultur ermöglicht, die mit der Kultur der mündlichen Gesellschaften sehr viel gemeinsam hat. Die hierarchische, einheitliche und individualisierende Kultur aus dem Zeitalter des Buchdrucks wurde durch die Kultur der gleichzeitigen Begebenheiten ersetzt, eine viel interessantere Kultur für McLuhan. Die Massenkommunikation basiert auf Elektrizität, um technisch funktionieren zu können, Kommunikation ist durch Netzwerke möglich (Balaban, 2007b).

Die Entwicklung der modernen Kommunikationsformen ermöglicht die Reise durch Raum und Zeit. In den vorliterarischen Kulturen nahm der Mensch das ganze Umfeld als ein einheitliches Ganzes wahr, die Kunst existierte nicht nur in unseren Sinnen. Die Sinneswelt der mündlichen Kulturen wurde vom rationalen Impuls des Buchdruckes radikal verändert. Das Ergebnis war die Entwicklung einer unwesentlichen, hierarchischen und spezialisierten Kultur. McLuhan ist der Meinung, dass die Welt, in der wir leben, die kulturellen Hierarchien vergessen hat, dass der Erdball eine vertikale, temporale und horizontale Implosion erlebt hat. Diese Ansichten äußerte der kanadische Forscher in seinem Werk *The Global Village*, das postum 1989 zusammen mit B.R. Powers veröffentlicht wurde. Die heutige Gesellschaft hat eine Art Kollaps erlitten und ist praktisch zur mündlichen Gesellschaft zurückgekehrt, zum kleinen Dorf. Der Bereich der Politik ist vom Bereich der Kommunikation untrennbar. Lesen ist für die jungen Menschen eine veraltete Lernmethode, die neuen Medien spielen eine besondere Rolle bei der Restrukturierung des Lernprozesses. Die technische Hybridisation der Medienformen hat die Produktion restrukturiert: zum Beispiel gibt es das Buch auch als Hörbuch (McLuhan, 1989). Die Informationsverbreitung geschieht sehr schnell, die Informationsnachfrage wird durch eine neue Information gesättigt.

McLuhan hat sich mit der Idee der sozialen Zeit beschäftigt, eine Idee, die auch andere Autoren nach ihm aufgegriffen haben. Kritiker wie **Raymond Williams** oder **Stuart Hall** erläutern, dass der technologische Determinismus eine Art ideologische Rechtfertigung der sozialen Beziehungen ist (Stevenson, 2002).

4.2. Derrick de Kerckhove

Derrick de Kerckhove, der ein Diplom in Französisch hat, hat seine Karriere an der Seite von McLuhan begonnen, als sein Übersetzer. De Kerckhove wurde als Marshall McLuhans Nachfolger angesehen und war ein wichtiges Mitglied der Torontoer Schule. Er ist Medienberater von internationalen Organisationen und ist in dieser Hinsicht sehr erfolgreich. Seine wichtigsten Werke sind: *McLuhan e la metamorfosi dell'uomo* (1984), *The Alphabet of the Brain* (1988), *La civilisation vidéo-chrétienne* (1990), *The Architecture of Intelligence*, (2000) und nicht zuletzt *McLuhan for Managers: New Tools for New Thinking*, ein Band, den er 2003 zusammen mit Mark Federman veröffentlicht hat.

De Kerckhove thematisiert die Art, in der man die Medien wahrnimmt und versteht und die Art, in der die Kommunikationsnetzwerke eine konstante Verbindung ermöglichen. Er stellt sich die Frage nach dem Einfluss der Medien auf die Erkenntnisprozesse, auf die sozialen Beziehungen und nicht zuletzt auf die Entscheidungsprozesse. Die Information ist die Umwandlung der menschlichen Erfahrungen in Bedeutungen, die Kommunikation wird vom Medientheoretiker als ein freiwilliger, impliziter Tauschprozess definiert. Die Menschheit befindet sich im Kommunikations- und nicht im Informationszeitalter (Balaban, 2008b).

4.3. Jean Baudrillard

Jean Baudrillard ist einer der wichtigsten postmodernen Kritiker des Medien-Phänomens. Seine wichtigsten Werke, in denen die Medien behandelt werden, sind: *La société de consommation*(1970), in der die Verbrauchcherrolle in der westlichen Gesellschaft als strukturiertes Element der sozialen Beziehungen definiert wird, Werbung wird als Bedeutungsträger angesehen, Bedeutungen, ohne die die Werbung gar nicht handeln kann. *La Consommation des signes* (1976) ist das Buch, mit dem Baudrillard als wichtiger Autor über die Mediensemiotik bekannt wurde, und *L'Illusion de la fin ou la grève des événements* (1993) ist der Band, in dem Baudrillard seine Kritikkünste gegenüber den Medien beweist. Er kritisiert jedoch die marxistischen Theorien, für die Menschheit ist die Herstellung der Güter nicht mehr wichtig und das auch wegen der Entwicklung der Medien (Leschke: 2003, 247- 265). Baudrillard spricht über *die Agonie des Realen,* über die *Scheinhandlungen,* die die Medien uns jeden Tag auftischen. Seine Grundthese ist die *These der Simulation,* die objektive Wirklichkeit verschwindet für das Publikum, an ihre Stelle tritt die *Hyperrealität.* Der französische Soziologe kritisiert McLuhans technologischen Determinismus und verbreitet Bezeichnungen, wie die *Implosion der Wirklichkeit, Virtualität* und *Viralität* (Weber, 2003: 31).

4.4. Niklas Luhmann

Niklas Luhmann ist ein bedeutender Systemtheoretiker. Seine Theorie hat er vom Soziologen Talcott Parsons übernommen und hat sie weiterentwickelt. *Die Realität der Massenmedien* (1996) ist das Werk, in dem die systemtheoretische Auseinandersetzung mit den Medien dargestellt wird. Der Begriff der Kommunikation ist für Luhmann die Operation, mit der sich soziale Systeme (re-)produzieren. Kommunikation ist das zentrale Basiselement für die Definition und den Erhalt der Gesellschaft. Die Gesellschaft besteht aus Systemen, die miteinander kommunizieren und zum Erhalt der Gesellschaft beitragen. Kommunikation ist eine Synthese dreier Elemente: Information, Übertragung, Verständigung, und setzt die Beteiligung von mindestens zwei Personen voraus (Balaban, 2008b).

Die Systeme unterscheiden sich von der Umwelt durch einen spezifischen Code. Der Code für das Mediensystem ist: *Information/ Nicht-Information.* Das Mediensystem produziert Information für das Umfeld. Nachdem diese Information ausgestrahlt wird, wandelt sich diese, nach Luhmann, *in Nicht-Information,* das Umfeld und die anderen Systeme brauchen neue Informationen. Somit produziert das Mediensystem neue Informationen und funktioniert in einer autopoetischen Weise (Luhmann, 1996).

4.5. Paul Virilio

Paul Virilio ist einer der französichen postmodernen Denker und ist gleichzeitig Architekt und Medientheoretiker. Virilio ist der Gründer einer neuen Wissenschaft, die er *Dromologie* nennt und unter der er die Logik der Bewegung versteht. Die Geschwindigkeit ist der bestimmende Faktor für die Entwicklung der Gesellschaft. Die hohe Geschwindigkeit und die exzessive Miniaturisierung sind die potenziellen Schuldigen für das zukünftige Verschwinden einiger Elemente aus der Gesellschaft. Die Militärtechnologie ist die Quelle vieler Erfindungen, die die Medien und implizit die Gesellschaft revolutioniert haben (Klock/ Spahr, 2000: 133-164).

4.6. Hans Magnus Enzensberger

Hans Magnus Enzensberger ist Dichter, Philologe, Philosoph und Medientheoretiker. Seine wichtigsten Veröffentlichungen im Bereich der Medien sind: *Baukasten zu einer Theorie der Medien* (1970), *Das Nullmedium* (1980), *Das digitale Evangelium* (2000). Er ist einer der Fortsetzer der kritischen Theorie von Adorno und Horkheimer, auch wenn er den Begriff der kulturellen Industrie nicht verwendet, sogar abweist, und stattdessen den Begriff der *Bewusstseinindustrie* verwendet. Enzensbergers Theorie ist materialistisch ausgerichtet, aber er distanziert sich von Marx, er richtet sein Interesse auf die Beziehung zwischen Politik und Medien, auf die Kraftstrukturen in der Gesellschaft aus der Medienperspektive, auf *Distribution* und *Kommunikation*, zwei Begriffe zwischen denen ein klarer Unterschied besteht, wie in der unteren Tabelle dargelegt wird. Genau wie seine Vorgänger sieht er die Medien als verantwortlich für die Manipulation des Publikums und für ihre politische Nichtbeteiligung. Die Manipulation erfolgt seiner Meinung nach nicht durch die Zensur, der Konsum basiert auf falscher Nachfrage (Balaban, 2008b). Enzensberger unterscheidet zwischen zwei Formen von Mediengebrauch, dem repressiven und dem emanzipierten Mediengebrauch:

Repressiver Mediengebrauch	**Emanzipatorischer Mediengebrauch**
Zentral gesteuertes Programm	Dezentralisiertes Programm
Immobilisierung isolierter Individuen/ passive Konsumentenhaltung	Mobilisierung der Massen / Interaktion der Teilnehmer
Entpolitisierungsprozess	Politischer Lernprozess
Produktion durch Spezialisten	Kollektive Produktion
Kontrolle durch Eigentümer	Gesellschaftliche Kontrolle
Distribution→	**→Kommunikation**

Tabelle 4.1:. Von der Distribution zur Kommunikation in Enzensbergers Theorie (Enzensberger, 1970: 173)

Der deutsche Theoretiker analysiert Medieninhalte aus den bekannten Veröffentlichungen *Bild* oder sogar *Der Spiegel*, kritisiert das Fernsehen und sieht es als *Nullmedium* an, seiner Ansicht nach wird der Fernseher nur eingeschaltet, um schnell wieder ausgeschaltet zu werden. Trotz all dieser Aspekte ist die Fernsehsucht weniger schädlich als andere Arten von Sucht (Weber, 2003).

4.7. Vilém Flusser

Vilém Flusser wurde in einer Familie von Juden in Tschechien geboren, das Land, das er wegen der nationalsozialistischen Gefahr verlassen musste. Er hat als Lehrer in mehreren Ländern gearbeitet, wie zum Beispiel in Brasilien, wo er eine außerordentliche Philosophie- und Kommunikationsschule in Sao Paolo gegründet hat. Er hat kein Werk über Medienanalysen in seiner Muttersprache veröffentlicht, seine wichtigsten Werke sind: *Kunst und Computer* (1984), *Ins Universum der technischen Bilder* (1985), *Komputieren* (1988), Flusser benötigte keine Übersetzungen, er hat direkt in Portugiesisch, Englisch und Deutsch geschrieben.

Seine Theorie gehört zu den postmodernen Theorien und schlägt folgende Periodisierung der menschlichen Geschichte unter Berücksichtigung des Wandels der Kommunikationsprozesse vor: 1. Mensch und Tier, 2. die ersten Menschen oder *homo sapiens,* 3. der historische Mensch, der bidimensional lebt und sich orientiert und in der Epoche der Erzählungen lebt, und schließlich 4. der Mensch, der von den technischen Bildern, vom Computer beeinflusst wird – Flusser verwendet hier einen Begriff für die aktuelle Aktivität der Menschheit – *das Computieren* (vom Wort *Computer*). Der historische Mensch ist in der Falle der linearen Denkweise gefangen, hingegen ist die Logik des aktuellen Menschen eine *digitale Logik,* die das klassische Verständnis von Raum und Zeit überschreitet. Flussers Theorie trägt den generischen Namen *Telematik* und kritisiert die modernen Kommunikationsmittel nicht, so wie der größte Teil seiner Zeitgenossen. Er ist der Meinung, dass die Massenkommunikation der Menschheit eine Gelegenheit bietet, die nicht verpasst werden sollte. Er spricht über zwei Kommunikationsformen: *den Dialog,* der Informationen erzeugt und *den Vortrag,* durch den die Informationen verbreitet werden. Seine Vortragsdefinitionen unterscheiden sich von der Tradition der Vortragsanalyse, die von Michael Foucault aufgegriffen wurde. Für Flusser gibt es drei Gesellschaftsarten: *die ideale Gesellschaft,* in welcher der Dialog und der Vortrag gleich repräsentiert werden, *die autoritäre Gesellschaft,* in der das zentrale Element der Vortrag ist und *die revolutionäre Gesellschaft der Zukunft,* in welcher der Dialog die überwiegende Kommunikationsform ist (Klock/ Spahr, 2000: 77-98).

4.8. Friedrich Kittler

Friedrich Kittler ist Literatur- und Medienwissenschaftler. In seinen Werken schreibt er über Fiktion und Simulation sowie über Aufschreibesysteme. Der als Poststrukturalist eingestufte Wissenschaftler thematisiert die Technizität und die Leseart der Medien. Seine Vision stellt ihn sehr nahe an Marshall McLuhan. Er sieht die Universalmaschine – den *Computer* als determinierend für Kunst, Kultur, Medien und den Menschen (mehr dazu in Klock/Spahr: 2000, 165-204). Die Maschinen bestimmen die Art, in welcher der gegenwärtige Mensch sein Leben führt. Die zentrale Aufgabe von Kittlers Werken ist, das technische *a priori* der Mediengesellschaft zu beweisen, aber nicht in der Weise, in der McLuhan es getan hat, von dessen Theorie er sich distanziert. Seine Perspektive gehört zu den poststrukturalistischen Theorien, Kittler kann als ein Medienarchäologe angesehen werden. Er rekonstruiert die moderne Wirklichkeit durch Vorträge. Seine Werke, in denen er über die Mediengesellschaft oder über gewisse Aspekte in dieser Gesellschaft geschrieben hat, sind: *Der Traum und die Rede. Eine Analyse der Kommunikationssituation* (1977), *Aufschreibesysteme 1800/1900* (1985), *Grammophon Film Typewriter* (1986), *Hardware das unbekannte Wesen* (1988), *Zur Theoriegeschichte von Information Warfare* (1988).

4.9. Jack Goody

Jack Goody unterscheidet zwischen den mündlichen Gesellschaften und den belesenen Gesellschaften. Für Goody spielt die technologische Dimension eine fast so wichtige Rolle wie für McLuhan. Die mündlichen Gesellschaften weisen eine pragmatische Auffassung gegenüber der Sprache auf, die Kenntnisse werden durch direkte Kommunikation vermittelt. Der Übergang von der mündlichen zur belesenen Gesellschaft besteht in der Kenntnis der schriftlichen Form, der Vorteil des Schreibens ist, dass unpersönliche Erzählweisen möglich sind, was Eigenschaften der modernen Bürokratien sind (Goody, 1968). Der Übergang von der einen zur anderen Kulturform geschieht nicht so sanft wie bei McLuhan. Die mündliche Informationsvermittlung ist aber nicht völlig und ganz verschwunden und das Schreiben ist nicht der alleinige Verantwortliche für das Erscheinen der sozialen Hierarchien (Stevenson, 2002).

4.10. Anthony Giddens

Anthony Giddens ist einer der Soziologen, dessen Ideen sehr oft in den letzten zwei Jahrzehnten zitiert wurden. Seine Theorie über die radikale Moderne konzentriert sich nicht ausschließlich auf die Medien, dennoch ist sein Beitrag zur Kommunikations-theorie nicht zu übersehen. Giddens sieht die Moderne als einen vergänglichen Mythos, jeder Reorganisierungsversuch führt zu ungewollten Wirkungen (Giddens, 1990). Die Beziehung Raum-Zeit wird in einer noch nie zuvor gesehenen Weise restrukturiert. Die Zeit hat sich vom Raum abgetrennt, man berücksichtigt die Jahreszeiten nicht mehr, wenn man die Zeit misst. Sowohl Zeit als auch Raum werden kalt, leer und ermöglichen somit die Erweiterung der sozialen Beziehungen. Die Informationen erleben eine Rückversetzung in die globalen Netzwerke, das Schlüsselmoment für die Wahrnehmung dieses Vorgangs ist der erste Golfkrieg. Giddens übernimmt die Idee, die besagt, dass das Erscheinen der Zeitungen und der Informationsstrukturierung die erste Abtrennung zwischen Raum und Zeit geschafft hat. In allen Kulturen werden soziale Praktiken in Entdeckungen umgewandelt, die auf sich selbst Auswirkungen haben. Nur in der modernen Ära werden die Abkommen bearbeitet und radikalisiert (Giddens, 1990: 38-39).

4.11. Neil Postman

Postman wurde besonders wegen zwei seiner Werke bekannt: *Amusing Ourselves to Death: Public Discourse in the Age of Show* (1985) und *Technopoly; The Surrender of Culture to Technology* (1993). Die Hauptidee ist, dass die Medien eine bestimmte Wirkung auf die Umgebung haben und somit eine Art Verpestung schaffen, weswegen Postman als der erste repräsentative

Medienökologe angesehen wird. Sein Werk wurde von McLuhans und Innis' Ideen beeinflusst. Im Mittelpunkt seiner wissenschaftlichen Beschäftigungen steht die Beziehung zwischen Mensch und Medien (Jäckel, 2008: 279). Er ergänzt die Aussage „das Medium ist die Botschaft" mit folgenden Worten: *eine Botschaft ist eine konkrete Behauptung über die Welt. Die Medien und die dazugehörenden Symbole ermöglichen einen Austausch, sie selbst stellen aber keine Behauptungen auf. Sie sind eher Metaphern, die uns die informationellen Wirklichkeiten in einer spezifischen Weise, stilvoll, näher bringen* (Postman, 1993: 19-20). Die Medien sind praktisch die verwendeten Sprachen, die Metaphern sind diejenigen, die der Kultur den Inhalt geben. Postman ist weniger interessiert an den Medienwirkungen auf die individuelle Wahrnehmung sondern mehr an den Medienwirkungen auf bestimmte Gesellschaftsbereiche. Der Forscher hat eine auffordernde Art, spricht über die AIDS-Kultur, unter AIDS versteht er *anti-information-defect-syndrom*, dies ist eine Krankheit, unter der eine Person leidet, die er synthetisch als *Tehnopol* bezeichnet. Wenn im oben genannten Band die Medien der Bevorzugung der Information beschuldigt werden, wird im zweiten Band sein Lieblingsspruch *wir amüsieren uns zu Tode*, zu *wir informieren uns zu Tode*. Das Fernsehen ist das Medium, in dem nur ästhetische Beziehungen geschaffen werden und keine intellektuelle Beanspruchung erfolgt. Die Verbindung zwischen Politik und Fernsehen ist keine *logische* Verbindung, sondern eine *psychologische*. Die Ideologie der Präsentation im Fernsehen ist die Unterhaltung und die Fragen, auf welche Antworten gesucht werden, sind: *Wie viele Fernsehprogramme kann ein Mensch nutzen? Ist die zeitgenössische Medienkultur im Gleichgewicht? Welche Möglichkeiten zur Selbstregulierung gibt es?*

Die menschliche Kultur wird vom Erscheinen der Technologien beeinflusst und hat mehrere Etappen durchlebt: die Kultur des Handwerks, die Technokratie und das Technopol. Postmans Werk hat einen essayistischen Charakter, genauso wie das von McLuhan. Ein anderes Problem, auf das er aufmerksam macht, ist die Wirkung der Technologie auf die Kindheit. Die Kinder von heute haben keine Kindheit mehr im wahrsten Sinne des Wortes, die Grenze zwischen ihnen und Erwachsene wird im Bezug auf Sprache, Einstellungen und Wünsche immer kleiner. Die Kindheit ist für Postman ein Bereich der Geheimnisse, die das Kind auf dem Weg zum Erwachsensein lösen sollte. Im Mittelalter führte die mündliche Übertragung der Kenntnisse zur besseren Aufbewahrung der Geheimnisse, um Antworten aus Büchern erfahren zu können, musste man lesen können. Das Fernsehen ist für Postman *eine Technologie mit freiem Eintritt, ein egalitäres Medium* (Postman, 1983: 100). Postman passt McLuhans Modell an und behauptet, dass jedes Medium eine bestimmte eigene Diskursform, eine bestimmte Verwendung der intellektuellen Möglichkeiten unterstützt. Die Kultur des Buchdruckes ist eine räumliche Kultur, die vom Wort dominiert wird, im Zeitalter des *Showbusiness* haben wir es nicht mit einer linearen Wahrnehmung zu tun, Dinge laufen parallel ab, Informationen werden vom Menschen simultan registriert, werden jedoch nicht angemessen verarbeitet. 1985, bevor einige Informationssender wie CNN oder BBC so wie in den 90er Jahren erfolgreich wurden, und bevor das Internet von Millionen von Menschen genutzt wurde, äußerte Postman seine Ansicht, gemäß dieser zwischen dem Zeitpunkt eines Geschehens und dem Zeitpunkt seiner Mediatisierung nur ein sehr kurzer Unterschied besteht (Postman,1985: 91). Heute können wir behaupten, dass die Ereignisse sich direkt vor unseren Augen, durch die Medien zutragen. Seiner Ansicht nach übernimmt das Fernsehen die Funktion einer kollektiven Gedächtnisstütze für die Gesellschaft. Diese Gedächtnisstütze ist aber nicht hauptsächlich auf die Vergangenheit ausgerichtet, wie es eigentlich normal wäre, sondern beschäftigt sich mit der Aufrechterhaltung der Diskontinuität, die diese Art von Medium im Bewusstsein der Empfänger erzeugt.

5. Medienwirkungsforschung

Die Erforschung der Kommunikationswirkungen ist das umfangreichste Kapitel der Kommunikationswissenschaft. Wenn man die Werke amerikanischer Autoren näher betrachtet, und zwar derjenigen, welche die bedeutendsten Studien in diesem Bereich veröffentlicht haben, wie zum Beispiel Paul Lazarsfeld, Carl Hovland, Harold Lasswell, Elihu Katz, kann man feststellen dass der Schwerpunkt ihrer Werke auch auf den Kommunikationswirkungen liegt. Selbst Marshall McLuhan, der Gründer der Schule von Toronto und Vater des technologischen Determinismus in der Medienforschung, sprach über die Wirkungen der Medienkommunikation. Viele Faktoren haben diese Neigung für die Forschung beeinflusst.

Die Medienorganisationen interessieren sich für die Auswirkungen und Folgen ihrer Kommunikation, um deren Kommunikationsprozesse zu verbessern. In diesem Kontext stellen sich die Kommunikationsexperten, also in erster Reihe die Journalisten, Fragen betreffs der Verantwortung ihrer Aktivitäten. Die Werbeindustrie ist wahrscheinlich am meisten daran interessiert, die Antwort auf die Frage betreffs der Kommunikationswirkungen zu erfahren. Der Belang des Staates zur Bestimmung der Wirkungen der Medienkommunikation steht eng mit der Fähigkeit seiner Institutionen in Verbindung, öffentliche Regelungen zu entwickeln (zum Beispiel Gesetze betreffs des Kinderschutzes, oder betreffs der Werbezeit und des Werberaums usw.). Wegen der Tatsache, dass das politische Leben zu stark ins Öffentliche rückt und sogar personalisiert wird, sind auch die Parteien und die politischen Akteure an den Kommunikationswirkungen interessiert, insbesondere während den Wahlkampagnen.

Sowohl die Zivilgesellschaft, als auch die Kritiker der politischen Kraft sind an den Kommunikationswirkungen interessiert, aber auch an der Bildung der Persönlichkeit der Menschen. Sie verfolgen sogar das Ziel, den kognitiven Horizont des zeitgenössischen Publikums zu verengen und zu verflachen.

In den letzten Jahren sind im Bereich der Kommunikationswirkungen viele Fragen aufgetaucht: Welche sind die Folgen davon, dass die Empfänger gewalthaltigen Inhalten ausgesetzt sind? Was für Folgen hat die Werbekommunikation, wie stark sind die Wirkungen der Medienkommunikation? Welche Folgen hat die Kommunikation durch das Internet? (Bonfadelli, 2004: 16).

Die **Wirkungen der Medienkommunikation** gelten als jede Umwandlung, die auch nur teilweise stattfindet oder die durch eine Wechselbeziehung mit anderen Faktoren enstanden ist. Diese Umwandlung hat als Ursache die Kommunikation durch Massenmedien (Jarren/Bonfadelli, 2001: 343). Als Beweis für die Entwicklung des Fachausdrucks „Wirkungen der Medienkommunikation" liegen verschiedene Definitionen dieses Begriffs aus dem Zeitabschnitt 1970-2002 vor. Berelson und Steiner bezeichnen im Jahre 1972 die Kommunikationswirkungen als jede Veränderung des Verhaltens des Publikums, die durch das Ausgesetztsein einer Medienbotschaft gegenüber verursacht wird, folglich findet die Wirkung auf der Ebene des Verhaltens statt. In seiner Defintion aus dem Jahre 1963 spricht Maletzke erneut über die Kommunikationswirkungen auf der Ebene des Verhaltens, doch er unterscheidet zwischen zwei möglichen Stufen: der eigentliche Prozess der Kommunikation und die Etappe nach der Kommunikation wo die Veränderung des Verhaltens entstehen bzw. auftreten kann. Die Forscher deutscher Herkunft Dröge, Weißenborn und Haft fügten im Jahre 1973 den Begriff der Einstellung hinzu, als Raum zur Offenbarung der Wirkungen, welches eine wesentliche Umwandlung nur auf der Ebene des Verhaltens, also die komplexe Ebene der Einstellungen, ist. Hasebrinks Definition aus dem Jahre 2002 entfernt sich von dem Paradigma der Einseitigkeit, welche vorherrschend in der Kommunikationswissenschaft war, seit der Lasswell-Formel bis in die letzten Jahre. Die Wirkung findet nicht nur bei den Empfängern statt, sondern auch die Empfänger haben einen Einfluss auf die Medien. Mit Sicherheit aber handelt es sich in den meisten Theorien nur um die Analyse der Medienwirkungen auf das Publikum, und nur wenige Modelle behandeln das Thema des Einflusses des Empfängers auf den Medien. Die letztere Wirkung ist im Normalfall eine indirekte (Bonfadelli, 2004: 18).

Elihu Katz, einer der Vorreiter im Bereich der Kommunikationswissenschaft, hat eine großartige Synthese der Theorien über die Kommunikationswirkungen erstellt, im Rahmen der jährlichen Konferenz der *Deutschen Gesellschaft für Publizistik- und Kommunikationswissenschaft* von Lugano 2008. Der Forscher Elihu Katz deutet auf einen Fehler hin, welcher seit vielen Jahren immer wieder vorkommt, und zwar die Tatsache dass sich die Forschung betreffs der Kommunikationswirkungen nur auf den Bereich der Überzeugung beschränkt.

Verantwortlich für die Medienwirkung ist sowohl die Form als auch der Inhalt der Medien. Die Wirkung findet statt, abhängig von den verschiedenen Etappen des Kommunikationsprozesses, sie kann in der Etappe vor der Kommunikation, in der Etappe der Kommunikation oder in der Etappe nach der Kommunikation erfolgen.

In der Etappe vor der Kommunikation werden folgende Fragen gestellt: Warum nutzen wir die Medien? Welche Notwendigkeiten oder Probleme werden anhand der Medien, aus einem kommunikativen Standpunkt, zufriedengestellt? Wie groß ist der übliche Medienkonsum? Diese Fragen stellen die Grundlage der Recherchen dar. Damit aber die Wirkungen der Medienkommunikation auch stattfinden können, muss der Empfänger die Medien auch nutzen, deshalb gibt es in der Etappe vor der Kommunikation eine Reihe von Ursachen, welche den Medienkonsum bestimmen. Die Nachforschung dieser Gründe ist teil einer anderen Forschung der Medienwirkungen.

Was die **eigentliche Kommunikation** betrifft, spielen die Aufmerksamkeit, die Auswahl, die Wahrnehmung und das Verständnis der Botschaften eine Hauptrolle. Die Glaubwürdigkeit der Werbebotschaft wird in diesem Kontext angesprochen. Welche subjektive Bedeutung schreibt der Empfänger der Werbebotschaft zu? Welche Elemente erregen die Aufmerksamkeit der Empfänger? Dies sind nur zwei Beispiele von typischen Fragen. Die Analyse des Empfangs (die britischen kulturellen Studien) zum Beispiel befasst sich mit einigen Ideen über die eigentliche Kommunikationsetappe und die Wirkungen der Medienkommunikation.

Ein Großteil der Theorien behandeln das Thema der **Etappe nach der Kommunikation**, angefangen mit dem Stimulus-Response-Modell, das Modell des Zwei-Stufen-Flusses der Kommunikation, oder das Agenda-Setting-Modell usw. Was geschieht mit dem Empfänger nach der Mediennutzung? Was für einen Einfluss hat die Mediennutzung auf die Kenntnisse, Meinungen, Einstellungen und sogar auf das Verhalten des Empfängers? Dies sind einige der Hauptfragen dieser Etappe (Bonfadelli, 2004: 20-21).

Die Wirkungen der Medienkommunikation können:

- auf einer **kognitiven Ebene** stattfinden – die Empfänger sind fähig, neue Informationen zu speichern, sie können ihren Wissenshorizont erweitern (z.B. die Agenda-Setting-Theorie, die *Priming*-Theorie, die Theorie der Informationsverschiebung oder *Knowledge Gap*, das Modell der Selbstbildung usw.) und/oder
- auf der **Ebene der Einstellungen, der Meinungen oder des Verhaltens** stattfinden, durch Entfaltung neuer Einstellungen, Festigung und Abarbeitung der alten, durch Änderung des Verhaltens (z.B. die *Framing*-Theorie, oder das *Elaboration-Likelihood*-Modell usw.)

Der Einfluss der Medien findet statt durch:

- **die Zusage** - die bewusste Zusage betreffs des Einflusses einer Botschaft, beginnend mit der Feststellung, dass es eine bestimmte Konvergenz zwischen den Meinungen eines Individuums und den Werten die von einer Werbebotschaft gefördert werden, gibt. Das Individuum schließt sich der Werbebotschaft rational an.
- **die Identifizierung** - geht davon aus, dass die Werte, die von oder durch die Medien gefördert werden, übernommen werden, folglich wird auch das beworbene Verhalten nachgeahmt.
- **die Verinnerlichung** - setzt voraus, dass die Werte, die Bedeutungen und die Verhaltensmuster, welche von den Medien ausgestrahlt werden, vom Publikum angenommen und in deren Werten betreffs der Weltanschauung oder in deren Verhalten einbezogen werden (Coman, 1999: 107-108).

Man kann zwischen langfristigen, mittelfristigen und kurfristigen Wirkungen unterscheiden, bedingt durch die Zeit. Die Wirkungen können direkt oder indirekt sein. Man kann über die aktive Aufnahme sprechen (Internet, Multimedien) oder über die Passive (TV). Diese Wirkungen können auf der Ebene des Individuums (Mikroebene), auf der Ebene von Gruppen oder auf der Ebene von Institutionen (Mezzoebene), aber auch auf der Ebene der ganzen Gesellschaft stattfinden (Makroebene).

Die Erforschung der Medienwirkungen war für die Gemeinschaft der Wissenschaftler, wie bereits erwähnt, sehr reizvoll, sodass ein Großteil der Studien in der Kommunikationswissenschaft dieses Thema behandelt. Aus der chronologischen Perspektive gibt es einige wichtige Etappen in der Entwicklung der Forschung, die herausragen. Diese müssen aber in einer engen Verbindung mit dem Fortschritt in der Medientechnologie und der Entwicklung der Gesellschaft im Allgemeinen betrachtet werden.

Der Begriff Haltung oder Einstellung wird in der klassischen Forschung der Wirkungen der Medienkommunikation in einer erschöpfenden Weise behandelt. Die Bestimmung der Einstellungen dient der Herstellung von Medieninhalten und der Auswahl und Vervielfachung der Informationen, aber es kann auch von den Medien beeinflusst werden. Die Einstellungen deuten die Dauerhaftigkeit oder die Veränderung des Verhaltens des Individuums an.

Die Meinungen, Werte und Stereotypen sind auch Begriffe die erwähnt werden müssen, bevor man mit der Beschreibung der Theorien über die Wirkungen der Medienkommunikation fortschreitet.

Meinungen oder Überzeugungen (engl.*beliefs*) bezeichnen die Art und Weise, wie Menschen über manche objektive Wahrheiten nachdenken oder reflektieren. In der Fachliteratur werden Überzeugungen als Teil der kognitiven Größe von Einstellungen behandelt.

Werte (engl. *values*) lehnen sich an den sozialen Objekten an, die allgemein oder abstrakt sind, und sie haben eine kulturelle Größe.

Der Begriff Stereotypen wurde zum ersten Mal von Walter Lippmann gebraucht, in Verbindung mit der Bedeutung von einseitigen Stellungnahmen, die in kognitiver Weise von einem bestimmten Objekt begrenzt wurden. Die Stereotypen sind aus dem Mangel an Wissen über ein bestimmtes Objekt entstanden und aus dem Bedürfniss dieses Unwissen zu verringern (Bonfadelli, 2004: 95-97).

In dem Artikel *Cognitive, Affective and Behavioral Components of Attitudes* (1960) von Rosenberg und Hovland wird der Begriff Einstellung aus drei Bestandteilen aufgebaut: **dem Affektiven** (bezeichnet den psychologischen Bestandteil, den Ausdrucks der Gefühle), **dem Kognitiven** (ist bedingt vom Wissen, von der Art und Weise in welcher die Auswahl und der Aufbau der Information stattfindet), und dem **Bestandteil des Verhaltens** (ausgedrückt durch die möglichen Verhaltensänderungen). Die Einstellungen repräsentieren ein komplexes und mehrdimensionales Konzept, und wie schon vorher besprochen, haben sie einen theoretischen und einen methodischen Wert, das heißt sie ermöglichen deren eigene Messung durch die Nutzung der typischen Forschungsmethoden. Sie bauen sich um ein bestimmtes Objekt auf. Einstellungen sind Systeme, durch welche der Mensch seine Umwelt interpretieren kann. Angeeignet werden die Einstellungen während des Sozialisierungs-prozesses, sie erfüllen mehrere Aufgaben wie: die Aufgabe der Erkenntnis, die Aufgabe der Anpassung an die umgebende Wirklichkeit, die Aufgabe der Verteidigung usw. (Bonfadelli, 2004: 96-99).

Einstellungen umfassen das, was eine Person denkt, was sie fühlt und die Art und Weise in welcher sie sich gegenüber einer sozialen Wirklichkeit verhalten will. Die tatsächliche Verhaltensweise gegenüber der Wirklichkeit kann aber von Fall zu Fall verschieden sein, weil sie von der Persönlichkeit, von dem sozialen Kontext und von der eigentlichen sozialen Lage der jeweiligen Person beeinflusst wird. Man kann Einstellungen erlernen, sowohl durch die Gegenüberstellung zu einem bestimmten sozialen Objekt, durch die direkte Erfahrung, als auch durch die Erfahrungen, die in Form von Informationen weitergeleitet werden. Durch den Vorgang der sozialen Erkenntnis und durch die Auswahl der Informationen ermöglicht die Erkenntnis der sozialen Wirklichkeit die Gliederung der kognitiven Dimension der Einstellungen. Der affektive Bestandteil besteht aus den positiven und aus den negativen Gemütserregungen gegenüber eines bestimmten Objektes. Die Auswertung dieser Gefühle wird von den bisherigen Erfahrungen und Kenntnissen beeinflusst. Der Bestandteil des Verhaltens entwickelt sich entsprechend den sozialen Normen und den Besonderheiten dieser wie z.B. dem Alter (Bonfadelli, 2004: 100-101).

5.1. Die Anfänge der Erforschung der Wirkungen. Die Stimulus-Response-Theorie (S-R)

Diese Theorie ist auch unter dem Namen der *Theorie der Injektionsnadel* bekannt oder die *Theorie der magischen Gewehrkugel* (Coman, 1999: 109), aber auch *die Theorie des Übertragungsriemens*, oder der *Multiplikationseffekt* (Bonfadelli, 2004: 29). Das Modell des Stimulus-Response erschien als Folge der Beschäftigung mit den Auswirkungen der Entstehung und Entwicklung des Rundfunks, beziehungsweise des Kinos in der Zwischenkriegszeit.

Handley Cantril veröffentlichte im Jahre 1940 eine Studie über die Auswirkungen der Ausstrahlung einer Rundfunkproduktion des Kanals CBS in den Vereinigten Staaten am 30 Oktober 1938, mit dem Titel *Invasion from Mars,* interpretiert vom *Mercury Theatre* nach dem Roman *War of Worlds* von H. G. Wells. Der Hauptdarsteller war Orson Wells. Die Folgen der Ausstrahlung dieser Produktion waren sehr sichtbar betreffs der Zuhörer: der Sender bekam eine beeindruckende Zahl von Briefen, aber auch von Telefonanrufen. Ein Mann aus Massachusetts wendete sich an das Unternehmen, damit dieses ihm ein Paar schwarze Schuhe Grösse 9 B schicke. Dieser Mann empfand, nachdem er sich das Stück angehört hatte, das Bedürfnis, schnell wegzufahren. Dabei kaufte er sich ein Ticket im Wert von einem Dollar und 25 Cent, von dem Geld, welches er für ein Paar Schuhe gespart hatte. Erst nach 60 Meilen, die er gereist war, wurde sich der Mann bewusst, dass es sich nur um ein Theaterstück handelte (Jäckel, 2008: 104).

Die Recherche von Cantril beruht auf 35 Interviews, in denen ein Großteil der Befragten gestanden hat, dass sie die erdachte Produktion mit einer Nachrichtensendung verwechselt hatten. Die Mehrheit erklärte sich für beängstigt wegen der Annahme, dass die Außerirdischen in ihrem Land wirklich eingedrungen waren. Das Theaterstück im Rundfunk wurde wirklich in Form einer Nachrichtensendung vorgestellt, der einzige Hinweis dafür, dass das Ganze Fiktion war, wurde am Anfang der Sendung gegeben. Es gibt mehrere Gründe dafür, warum *Invasion of Mars* eine solche Auswirkung auf die Menschen hatte, diese Gründe müssen in einem sozialen und geschichtlichen Kontext betrachtet werden. Es war die Periode, in welcher der Rundfunk seinen Höhepunkt hatte, was die Einschaltquoten betraf. Der Rundfunk war damals das wichtigste Mittel zur Information und Unterhaltung, und er war für die Menschen auch sehr glaubwürdig. Außerdem befand sich Amerika zu dem Zeitpunkt in einem Zustand der Wiederherstellung nach einer Periode der ökonomischen Instabilität. Es bestand auch die reale Gefahr des Ausbruchs eines Krieges.

Die Tatsache, dass das Publikum zu der Zeit nicht so vertraut mit den Medien war, und dass dieses nicht zwischen Fiktion und Wahrheit unterscheiden konnte, hat zur Entwicklung der Folgen stark beigetragen. Die dramatische Qualität der Produktion führte zum Ausbruch eines allgemeinen Panikeffekts. In dem Theaterstück befragt Orson Wells, vermeintlicher Professor an der Princeton Universität, einige Beamte aus Washington hinsichtlich der Gefahr der Außerirdischen. Dadurch, dass diese fiktiven Fachmänner in die Handlung verwickelt waren, wurde der Eindruck einer pseudorealen Produktion verstärkt.

Aus ökonomischen Gründen beauftragte CBS seinerseits eine Studie, in der 920 Personen nach ihrer Meinung über die Sendung und deren möglichen Auswirkungen gefragt wurden. 80% der Befragten, welche die Sendung von Anfang an verfolgt hatten (und die über den fiktiven Charakter der Produktion Bescheid wussten) haben sie als solche auch wahrgenommen, und nur 20% von diesen waren der Meinung, dass es eine Nachrichtensendung war. Was aber die Befragten angeht, welche den Anfang der Sendung verpasst hatten, glaubten 63%, dass es sich um eine Nachrichtensendung handelte, 37% waren der Meinung dass ein Theaterstück im Rundfunk ausgestrahlt wird. Man nimmt an, dass 2% der erwachsenen Bevölkerung der Vereinigten Staaten von Amerika unruhig geworden sind oder sogar Panikattacken wegen dieser Produktion hatten. Cantril, der die Ergebnisse dieser Studie ausgewertet hat, hat auch eine Reihe von Faktoren entdeckt, welche die Reaktionen der Empfänger beeinflussten. Diese Reaktionen könnten Angst, Unruhe oder Ruhe gewesen sein, und die Faktoren waren: schon längst vorhandene Ängste, ein Zustand der Unsicherheit, eine Dosis Selbstvertrauen, das Ausmaß an Schicksalsglauben und Religiosität, die formelle Erziehung, der Angstzustand bei den Vertrauten, die Nähe der Gefahr, die Trennung von der Familie (Jäckel, 2008: 101-103).

Eine andere Studie, veröffentlicht im Jahre 1946 von Robert K. Merton, analysiert vom Standpunkt des Stimulus-Response-Modells aus den patriotischen Marathon im Rundfunk, der die freiwillige Einschreibung in die Armee förderte. Es wurden aber dabei sehr wenige Forschungsmethoden eingesetzt. Die Studie wurde von Kate Smith, einer Persönlichkeit im Bereich des Rundfunks Sängerin in der damaligen Zeit in den Vereinigten Staaten, im Jahre 1943 durchgeführt. Es wurden 978 Fragebögen in der Gegend von New York verteilt, dort, wo die Produktion im Rundfunk ausgestrahlt wurde.

Das Stimulus-Response-Modell ist Teil der Wirkungsforschung, wie in dem Syntagma der **Allmacht der Medien** besagt ist (ungefähr 1930-1940). Aufgrund des direkten und geradlinigen Inhaltes der Medien kann man dieselbe Reaktion bei allen Empfängern hervorrufen. Somit haben die Medien die Macht, die ganze Gesellschaft *gleich zu machen.* Ein Schema dieses Modells kann in folgender Weise gezeigt werden :

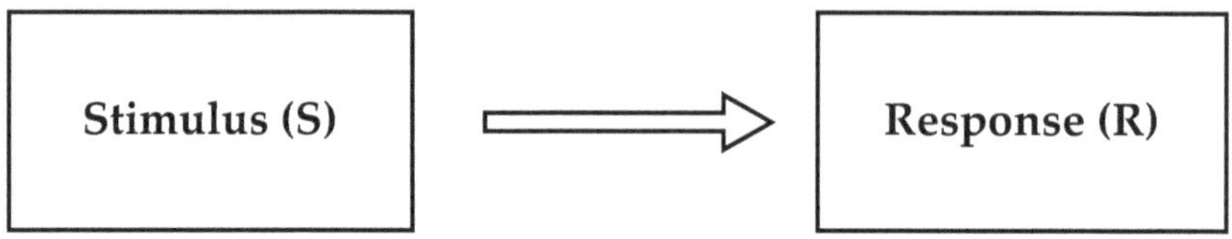

Fig.11.4: Modelul S-R

Es ist die Rede von monokausalen Phänomenen, in denen die Botschaften direkt beim Empfänger ankommen, ohne von einem sozialen Faktor (Individuum, Gruppe, Organisation usw.) oder kulturellen Faktor (Traditionen, symbolische Systeme, Weltanschauungen usw.) gefiltert zu werden (Coman, 1999: 110). Der Inhalt der Kommunikation wird auf der Ebene der Wirkungen wiedergegeben, am meisten durch Verhaltensänderungen. Das Modell des Ein-Stufen-Flusses der Kommunikation soll im Kontext der Anschauung hinsichtlich des Menschen und der Gesellschaft aus der damaligen Zeitspanne betrachtet werden. Er beruht auf der Psychologie der Instinkte, insbesondere auf der Theorie von McDougall. Der genannte Forscher geht in seinen Studien davon aus, dass es eine Reihe von Anstößen gibt, die vom Menschen festgelegt werden und welche bei der Anregung durch bestimmte Reize starre Verhaltensweisen auslösen. Die Menschen werden alle auf dieselbe Weise reagieren. Aus einem soziologischen Standpunkt spricht man von der Massengesellschaft; man zieht auch in Betracht dass die primären Gruppen (die Familie, die Religion usw.), in dem Prozess der Industrialisierung und Demokratisierung der Gesellschaft erheblich an Einfluss verloren haben und jede Spur von Verteidigung gegen die kommunikativen Reize verschwand. Die Individuen sind atomisiert und abgegrenzt. Hieraus ergibt sich das allmächtige Potenzial der Medienmanipulation.

Die Psychologie der Massen (1895) von Gustav Lebon, *The Lonely Crowd* (1950) von David Riesman oder *Masse und Macht* (1960) von Elias Canetti sind nur drei Beispiele von Werken, welche sich in dieser Art Paradigma anschließen. Carl I. Hovland hat an der Yale Universität die *neue Rhetorik* eingeführt, er hatte dieses Modell als Grundlage.

Das Stimulus-Response-Modell wird schon seit vielen Jahrzehnten als überholt und zu schlicht angesehen. Trotzdem ist dessen geschichtlicher Wert bemerkenswert; und es ist ein fester Ausgangspunkt für die wissenschaftlichen Bestrebungen zur Erforschung der Medienwirkungen.

Das Modell ist schließlich verantwortlich für die Wendung der Forschung in die Richtung der Medienwirkungen als Wirkungen der Überzeugung/ Persuasion. Heutzutage ist deren Anwendungsbereich ziemlich eingeschränkt, es kann von dieser Art Wirkungen nur dann die Rede sein, wenn eine soziale Unordnung herrscht (in Kriegs- und Krisensituationen, im Falle von Katastrophen oder Terrorismus). Einige Verfasser sind der Meinung, dass man einen Effekt solcher Art nur dann erzielen kann, wenn man intensive Kampagnen zur Beeinflussung des Publikums durchführt (Coman, 1999: 111). Es gibt einige Beispiele in der heutigen Geschichte zur Bestätigung solcher Reaktionen wie Stimulus-Response: ein Bericht darüber, dass die flämische Region Belgiens ihre Unabhängigkeit ankündigte, wurde bei dem belgischen TV-Sender RTFB am 13. Dezember 2006 ausgestrahlt; ein luxemburgischer Radio-Sender täuschte im November 2000 eine Übung vor, in der ein Defizit bei einem Kernkraftwerk im Norden Frankreichs gefunden wurde. Das letztere Beispiel wurde in der Sendung "Der dritte Krieg" im öffentlich-rechtlichen deutschen TV-Sender ZDF am 1. Dezember 1998 ausgestrahlt. All diese Übertragungen haben ausgesprochen viele Reaktionen bei den Zuschauern ausgelöst, in Form von Telefonanrufen, Briefen usw., in denen die Menschen ihre Sorge mitteilten. Einer der Hauptgründe dafür, warum sich solche Nachrichten immer noch vieler Aufmerksamkeit erfreuen, stellt ihre Macht dar, die Menschen aus der alltäglichen Routine der Nachrichten herauszuholen (Jäckel, 2008: 96).

5.2. Der Übergang zu den Modellen der begrenzten Effekte. Das Stimulus-Organismus-Response-Modell (S-O-R)

Dieses Modell ist Teil der zweiten Etappe in der Analyse der Medienwirkungen, die so genannte Etappe der schwachen Effekte (ungefähr 1950-1965), und es gehört, wie die Fachliteratur besagt, zu einer wahren Veränderung des Paradigmas. Die Forschung im Bereich der sozialen Psychologie in den Militärlaboren während des zweiten Weltkriegs und in dem darauf folgenden Zeitraum, hat der Herangehensweise zur Erkennung der Medienwirkungen neue Anstöße gegeben (Bonfadelli, 2004: 31).

"The People's Choice", die Studie der amerikanischen Fachwissenschaftler Lazarsfeld, Berelson und Gaudet war eine der ersten relevanten Studien, welche das Erkennen dieser Art Effekte ermöglichte. In empirischen Studien stellte sich heraus, dass es mehrere Variablen gibt, welche intervenieren und die direkte Wirkung der Medien verändern. In diesem Fall ist es nötig, das klassische Modell Stimulus-Response zu erweitern; es gibt andere vermittelnde Faktoren, und es kann nicht mehr die Rede sein von einer direkten und geradlinigen Kausalordnung zwischen der Botschaft der Medien (Ursache) und dem Empfänger (Wirkung). Wegen einer Reihe von Filtern, welche zwischen der Botschaft und ihrer möglichen Wirkung einschreiten, geht man von der Allmacht der Medien zu der Anschauung, dass die Medien begrenzte Wirkungen haben, über. Wie in einem Unterkapitel schon beschrieben wurde, kommt der Begriff der Einstellung vor und die Wirkung wird nicht mehr nur aus der Ebene der Verhaltensreaktion beschrieben. Man kann Reaktions-verschiedenheiten bei derselben Art von Stimuli aufgrund der individuellen oder der persönlichkeitsbezogenen Unterschiede (z.B. vielfältige Motivierungen, Aufmerksamkeit, verschiedene Vorstellungen usw.) aber auch betreffs des sozialen Umfelds bei den Empfängern feststellen. Man kann Variablen, welche die Unterschiede bestimmen, an vielen Ebenen und gleichzeitig bei mehreren Elementen des Kommunikationsvorgangs vorfinden. Alle können unter dem Begriff *Organismus* (O) eingestuft werden. Ein Schema des Modells sieht folgenderweise aus:

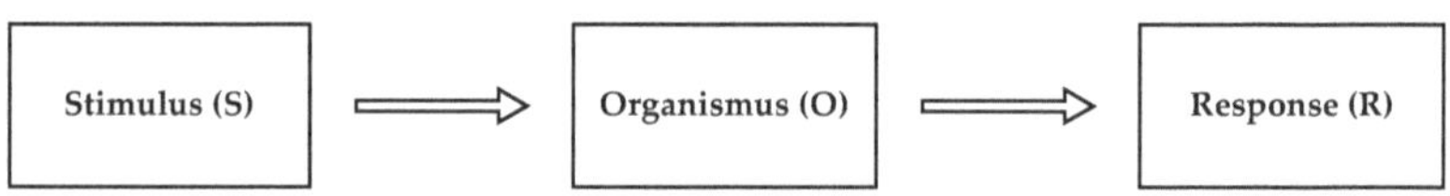

Die Faktoren der intrinsischen Stimuli (der Inhalt, der Sender, das Umfeld, die Situation) agieren anhand der einzelnen Neigungen der Empfänger und anhand der kommunikativen Stimuli. Der verschiedenartige Empfang der Botschaft kann diverse Wirkungen hervorrufen. Bei den Kennzeichen des Senders ist seine Glaubwürdigkeit besonders wichtig. Wenn die Botschaft aus einer unglaubwürdigen Quelle stammt, wird sie vom Publikum abgelehnt und sogar verneint. Die Glaubwürdigkeit des Senders könnte die Annahme der Argumente beeinflussen.

Sowohl die Darstellung der Argumente und Gegenargumente in den Medien, als auch die Auseinandersetzung mit den verschiedenen Aspekten eines Problems, können einen Einfluss besonders auf die Personen haben, welche anfangs eine andere Meinung vertraten als die aus der Botschaft und welche einen höheren Bildungsgrad haben. Die Argumente werden dagegen von denjenigen Personen ignoriert, deren Meinungen mit denen der Botschaft übereinstimmen und deren Bildungsgrad niedriger ist.

Die Eigenschaften des Empfängers, seine intellektuellen Qualitäten (Lernfähigkeit, die Fähigkeit sich eine Meinung zu bilden, seine Fähigkeit zu analysieren und zu synthetisieren), seine Motivationsfaktoren, seine Vorurteile (Akzeptanzsphäre, Ablehnungssphäre, Zone der Gleichgültigkeit) sowie seine institutionelle Zugehörigkeit spielen eine wichtige Rolle in der Einteilung der Medienwirkungen.

Die Änderung des Paradigmas bezieht sich auch auf den sozialen Kontext des Kommunikationsprozesses. Der Inhalt der Kommunikation richtet sich nicht an isolierte Personen, sondern an ein Publikum, gebildet aus Personen, welche in verschiedenen Gruppen eingegliedert sind und für welche die sozialen Beziehungen eine Hauptrolle spielen.

Melvin DeFleurs *Psychosomatisches Modell* wird von der Theorie der einzelnen Unterschiede beeinflusst und beruht auf der Idee, dass die Überzeugung von der Veränderung des inneren psychologischen Aufbaus des Individuums kommt (McQuail/Windhal, 2004: 54). Diese Veränderungen sind zuständig für die gewünschten Antworten im Verhalten. Eine überzeugende Botschaft ist zuständig für die Dynamik der unterschwelligen psychologischen Prozesse, wie zum Beispiel die der Bildung der Einstellungen (Bonfadelli, 2004: 54).

Zusammen mit Sandra Ball-Rokeach stellt Melvin DeFleur das Modell der *Abhängigkeit* vor, ein Modell, welches in dieser Art Theorien eingestuft wird. Laut diesem Modell sind die Individuen auf verschiedene Weise von den Medienbotschaften abhängig, je nachdem ob auf sie verschiedene soziokulturelle Variablen zutreffen, und insbesondere ob sie diese

Mitteilungen, die von den Massenmedien veröffentlicht werden, nötig haben oder nicht (Coman, 1999: 113). Die Menschen brauchen die Medien, weil sie auch Teile anderer Systeme sind. Die Presse stellt den Rezipienten wichtige Informationen zur Verfügung, vor allem in Situationen von sozialer Ungleichheit, und sie trägt zur Erklärung und Ordnung der Wirklichkeit bei. Zwischen den sozialen Institutionen, den Medien und den Individuen besteht eine dreiseitige Beziehung. Der Einfluss der Medien wächst dann, wenn die sozialen Institutionen schwach sind, und derselbe Einfluss wird dann geringer, wenn die sozialen Institutionen stark sind. Die im Jahre 1976 veröffentlichte Theorie musste natürlich, einige Jahrzehnte später, verbessert werden und an die Entwicklung der Systeme der Öffentlichkeitsarbeit und an die übertriebenen Mediatisierung des politischen und sozialen Lebens angepasst werden.

5.3. Die interpersonale Kommunikation - die Massenkommunikation

Das Modell des Zwei-Stufen-Flusses der Kommunikation

Das Modell des Zwei-Stufen-Flusses der Kommunikation liegt in dem Bereich der soziologischen Medienwirkungsforschung. Der Mensch gilt als ein soziales Wesen, welches nach den sozialen Normen handelt und welches in Gruppen integriert ist. Dieses Modell behandelt Themen wie: die Rolle der Kommunikation für die sozialen Systeme und das Verhältnis zwischen der interpersonellen Kommunikation und der Medienkommunikation.

Am Anfang dieser Theorie steht die *Erie-County-Studie* (Region aus dem Staat Ohio), welche zum Anlass der Präsidentenwahlen in den Vereinigten Staaten (Roosevelt gegen Willkie) 1940 stattgefunden hat. Diese Studie wurde vom Team des Professors Paul Lazarsfeld anhand der Panel-Forschung durchgeführt. Eines der wichtigsten Konzepte, das zum ersten Mal in der Kommunikationswissenschaft angesprochen wurde, ist das Konzept der *Meinungsführer.* Lazarsfeld, Berelson und Gaudet veröffentlichten im Jahre 1944 *The People's Choice,* ein Band, welcher das Modell des Zwei-Stufen-Flusses der Kommunikation der wissenschaftlichen Gemeinschaft bekannt machte.

Die Schlussfolgerungen der *Erie-County-Studie* offenbarten, dass die Wähler eine Art Sieb entwickeln und nur die Werbung des Kandidaten, der von ihnen auch zuvor unterstützt wurde, durchdringen lassen. Wegen der Neigung der Menschen, unveränderliche Haltungen gegenüber einem Kandidaten zu haben, besteht die Wahrscheinlichkeit des Ausbruchs einiger Konflikte zwischen den Anhängern der verschiedenen Kandidaten. Eine Änderung der Haltungen kann nur dort vorkommen, wo die Wähler einem *cross pressures* Druck ausgesetzt werden. Die Befragten bedienten sich der Zeitungen, der Zeitschriften und des Rundfunks, um sich zu informieren. Es stellte sich heraus, dass die Medien nicht zur Änderung der Haltungen beigetragen haben, sondern auch zur Aktivierung der unbewussten Neigungen. Folglich werden die schon vorhandenen Haltungen durch die Medien verstärkt. Die interpersonelle Kommunikation stellt in den meisten Fällen die Hauptquelle zur Information dar.

Einige der Merkmale der Meinungsführer sind: sie nutzen die Medien, um sich zu informieren, sie haben eine große Fähigkeit zu sozialisieren und sind sich bewusst, dass sie andere beeinflussen können. Den Meinungsführern wird die Rolle der Informationsquelle, des Informationsverstärkers aber auch der Orientierung in der Gruppe, welche sie leiten, zugewiesen (McQuail/ Windhal, 2004: 57). Lasarsfeld ist der Ansicht, dass die Meinungsführer keine neutralen Vermittler der Medienbotschaften sind. Deren Botschaften werden eher einem Selektionsprozess unterworfen, gemäß den verinnerlichten Normen der Bezugsgruppe, mit dem Ziel, ihre schon bestehende Stellung zu erweitern und nicht zu verändern. Der Meinungsführer erfreut sich nicht nur seiner Glaubwürdigkeit und seiner zentralen Position innerhalb der Gruppe, sondern steht auch im Kontakt mit der Umwelt und ist auch mehreren Botschaften aus der Umwelt ausgesetzt, im Gegensatz zu den anderen Mitgliedern der Gruppe. Dennoch bleibt aber der Meinungsführer den Werten der Gruppe, aus welcher er kommt, treu (Coman, 1999: 118). Elihu Katz, ein anderer Vertreter des Teams von Lazarsfeld, ist der Ansicht dass die Meinungsführer das Ergebnis persönlicher und sozialer Eigenschaften sind; wichtig ist, wer der Meinungsführer ist, was dieser weiß und wen er kennt (Bonfadelli: 2004, 145-147).

Die Theorie des Zwei-Stufen-Flusses der Kommunikation besagt, dass die Medien auf zwei Wegen agieren: sowohl direkt auf das Publikum, als auch indirekt mittels der Meinungsführer.

Das Modell geht davon aus, dass die Menschen nicht isoliert leben, sondern verschiedenen Gruppen angehören. Ihre Antwort auf den Medienbotschaften ist nicht eine Direkte, sondern sie wird von den sozialen

Reaktionen vermittelt und beeinflusst. Während des Prozesses der Medienkommunikation finden gleichzeitig zwei Vorgänge statt: die Aufnahme und Aufmerksamkeit und die Antwort. Individuen sind nicht gleich, sie haben verschiedene Aufgaben im Kommunikationsprozess: einige können einfache Empfänger sein, und andere können Meinungsführer sein und als Multiplikatoren und Weiterleiter der Botschaften handeln (McQuail/Windhal, 2004: 56-57).

Der *Erie-County-Studie* folgten eine Reihe von Forschungen, welche besonders zur Verbesserung der methodologischen Herangehensweise und zur Nuancierung des Begriffs des Meinungsführers beigetragen haben.

Laut den Ergebnissen der *Rovere-Studie* von Robert King Merton, ist die Eigenschaft des Meinungsführers vergänglich. Es wurden mehrere Kategorien von Meinungsführern identifiziert, je nach der Art ihrer Beschäftigungen: die Monomorphen und die Polimorphen. Merton verwendet den Begriff *Locals* für die Meinungsführer, welche sich vor allem der lokalen Medien bedienen und welche in der Region, in der sie wohnen auch geboren wurden und in einer starken Verbindung zu dem Ort stehen. *Cosmopolitans* stellen die zweite Kategorie von Meinungsführern dar, diese wenden sich eher in Richtung der Informationen von nationalem und internationalem Interesse. Die *Rovere-Studie* bestätigt das wachsende Interesse der Meinungsführer für die Medien (Jäckel, 2008: 116-118).

Die *Decatur-Studie* (benannt nach einer Stadt im US-Bundesstaat Illinois) wurde von den Fachwissenschaftlern der Universität von Kolumbien entwickelt und wird in die Kommunikationsforschung einbezogen, im Rahmen von Wahlkampagnen. In ihrer Untersuchung aus den Jahren 1945-1946 verwenden Katz und Lazarsfeld zur Erkennung der Meinungsführer die Methode des Schneeballs. Die Eigenschaft des Meinungsführers wird von mehreren Quellen bestätigt. Sie wird nicht nur anhand der Antworten des Befragten auf zwei Fragen eingestuft, wie es im Fall der *Erie-County-Studie* passierte. Neben den klassischen Fragen zu Politik werden auch Fragen hinsichtlich des Konsumverhaltens, der Mode und des Kinos gestellt. Es werden auch solche Begriffe benutzt wie Berater (*influencees*) und die Person welche Ratschläge bekommt (*influentials*), (Jäckel, 2008: 118-122).

Das ursprüngliche Modell des Zwei-Stufen-Flusses der Kommunikation wurde in den letzten Jahrzehnten vielen Veränderungen ausgesetzt, wegen einiger Kritiken an dem Zwei-Stufen-Syntagma, und an dem Mangel an Durchsichtigkeit und Unterscheidbarkeit des Begriffs *Informierung.* Dem Begriff des Meinungsführers wird aus einem methodologischen Standpunkt Kritik entgegengebracht. Kritisiert wird aber auch die strenge

Trennung zwischen den Meinungsführern, welche Meinungen weitergeben, also Meinungsvermittler (*opinion giver*) und den Personen, welche diesen Führern folgen, also Meinungsempfänger (*opinion receiver*). Es gibt auch Personen, die passiv sind und über Politik nicht reden; sie werden auch von den Medien nicht direkt beeinflusst und die interpersonelle Kommunikation ist nicht relevant für sie. Diese Personen sind in dem ursprünglichen Modell des Zwei-Stufen-Flusses der Kommunikation nicht einbezogen. Robinson schlägt 1976 ein Modell vor, in dem auch diese Personen, welche nicht über Politik sprechen, in Betracht gezogen werden. Außerdem wird auch das Phänomen der horizontalen Kommunikation zwischen verschiedenen Meinungsführern berücksichtigt (McQuail/ Windhal, 2004: 57-58).

Die amerikanische Zeitschrift *The Public Opinion Quarterly* veröffentlichte im Jahre 1966 ein Artikel von Verling Trodhal, in dem ein verändertes Modell des Zwei-Stufen-Flusses der Kommunikation vorgeschlagen wird: das *two-cycle-flow*-Modell, welches eine Art *multi-step-flow-of-communication* ist. Der Persuasionsvorgang unterscheidet sich von dem der Informierung, der Meinungsführer erfüllt sowohl die Aufgabe des klassischen Senders in der interpersonellen Kommunkation mit den denen, welche ihm folgen (*followers* für Trodhal), als auch die Aufgabe des Empfängers im Kommunikationsprozess mit verschiedenen Fachmännern. Dieser Prozess findet nur im Ausnahmefall statt: wenn die Information, die von den Medien vermittelt wird, verkürzt ist, oder wenn sie ein Gefühl von Unsicherheit hervorruft. In solchen Fällen wendet sich das Publikum an die Meinungsführer, um besser informiert zu werden und um sein Gefühl der Sicherheit und das innere Gleichgewicht zurück zu gewinnen. Die Meinungsführer lassen sich unter diesen Umständen von Fachmännern beraten. Sie können sich Ratschläge einholen, weil sie Zugang zu den Kommunikationsnetzwerken haben und weil sie sozial aktiv sind; hiermit unterscheiden sich die Meinungsführer von denen, die keine Führer sind. Ihnen werden die nötigen Informationen geliefert und sie senden diese dann weiter. Die Rolle der Fachmänner ist in diesem Zusammenhang die von Beratern der Meinungsführer, die Rolle eines Faktors für Gleichgewicht (Trodhal, 1966: 613).

5.4. Die Verbreitung der Information und der Innovation

Das Modell des Zwei-Stufen-Flusses der Kommunikation stellt einen Ausgangspunkt für die Entwicklung anderer Theorien dar. Die getrennte Erforschung der Informations- und der Persuasionsprozesse hat den Anfang der weiteren Theorien über die Informationsverbreitung markiert; auch die Erforschung der Kommunikationsnetzwerke wurde von diesem Modell beeinflusst. Die *Drug Study* ist das erste bekannte Beispiel einer Studie, welche sowohl die Komponente der Meinungsführer als auch die der Verbreitung der medizinischen Innovation integriert. Die in diesem Fall verwendete Methode war die Befragung von vierzig Ärzten. Everett Rogers ist der Ansicht, dass die Tatsache, dass die Informationsverbreitung ein soziales Phänomen ist, wahrscheinlich das wichtigste Ergebnis dieser Forschung sei (Jäckel, 2008: 124). Die zentrale Frage der Forschung bezieht sich auf den Zusammenhang, in dem die Zeitspanne und die Modalität, in der die Information in der Gesellschaft verbreitet wird, stehen. Wie schnell und auf welchem Wege erfährt ein Individuum über ein gewisses politisches, ökonomisches, soziales etc. Ereignis? Spielt das Medium eine wichtige Rolle in der Verbreitung von Informationen oder bleibt die interpersonelle Kommunikation die Hauptinformationsquelle? Forschungen haben bewiesen, dass der Informationstyp die Art und Weise, in welcher sich die Information verbreitet, bestimmt. Rogers und Shoemaker sprechen über zwei besondere Fälle, *major events* und *minor events*, große Ereignisse (Hauptereignisse) und kleinere Ereignisse.

Hauptereignisse, wie der Tod des Präsidenten Roosevelt (1945), das Attentat auf Präsident J.F. Kennedy (1964), die Explosion des Raumschiffes Challenger und die Anschläge vom 11. September 2001 wurden aus der Perspektive der Informationsverbreitung analysiert. Während die Prozentzahlen bezüglich der US-Bevölkerung, welche die eben genannten Nachrichten 24 Stunden nach den Ereignissen erfahren hatte, relativ gleich sind und über 90% betragen, sind die Ziffern im Hinblick auf die Informationsquellen markant unterschiedlich, so dass 85% durch interpersonelle Kommunikation beziehungsweise 15% anhand der Medien über den Tod von F.D. Roosevelt 1945 benachrichtigt wurden, und 23% mittels der interpersonellen Kommunikation und 77% anhand der Medien über den Angriffe am 11.September informiert wurden. Als Erklärung für diese Veränderung gilt die Entwicklung ohne einen Präzedenzfall in den letzten fünfzig Jahren des Mediensystems, die Popularität und die Zugänglichkeit einiger Massenmedien, wie zum Beispiel des Fernsehens. Ereignisse, die einen starken emotionalen Einfluss auf die Rezipienten ausüben, haben noch immer eine prägnante Tendenz, mittels der interpersonellen Kommunikation verbreitet zu werden. Die Bedeutung eines Themas wird der Glaubwürdigkeit der Informationsquelle gegenübergestellt. Die Tatsache, dass eine Nachricht mittels des Fernsehers, der Zeitungen, des Internets oder des Radios aufgenommen wird, hängt von der Zeitspanne ab, in welcher sich das Ereignis abspielt (Bonfadelli, 2004: 150).

Die Verbreitung der Information und der Innovation kann graphisch als eine Kurve, in der Form des Buchstaben S dargestellt werden, wobei eine Achse die Prozentzahl derer darstellt, die von dem Ereignis erfahren haben und die andere Achse die Zeitspanne bezeichnet. 1977 veröffentlicht S. Chaffee einen Artikel unter dem Titel *The Diffusion of Political Information* im *Political Communication* und spricht über Situationen, in denen die Kurve nicht der klassischen Form folgt: der Fall der unvollständigen Verbreitung wegen des Zwangs des Senders (zum Beispiel das geringe Interesse für gewisse Themen), wegen des beschleunigten Fortschritts (eine Kurve in J-Form, im Falle von Nachrichten mit großer Bedeutung und der Einbeziehung der interpersonellen Kommunikationskanäle), wegen des zu langsamen Fortschritts (weil ein Problem nicht für genügend Aufmerksamkeit sorgt) (McQuail/Windhal, 2004: 68-69).

Die Rolle der Meinungsführer ist nicht wichtig für die Informationsverbreitung in Form von Nachrichten. Laut der Theorie von Roger aus dem Jahr 1983 gibt es drei Kategorien von Personen, welche im Prozess der Innovationsverbreitung einbezogen werden: die Innovatoren selbst (umgefähr 5% der Bevölkerung), die, welche zeitig die Innovation übernehmen (*earlier adopters*), die frühe Mehrheit, die spätere Mehrheit und die, welche spät die Innovation annehmen (*late adopters*). Die Innovation wird in mehreren Etappen verbreitet: zunächst ist es erforderlich, dass die Innovation bekannt wird, danach ist ein Persuasionsprozess notwendig, damit das Publikum von ihrer Wichtigkeit und Relevanz überzeugt wird, gefolgt von der Ausführung der Innovation und am Schluss von der Bestätigung der erwarteten Ergebnisse (Bonfadelli, 2004: 151-152).

Die Erforschung der Verbreitung der Information/Innovation wird als zu zentriert auf die individuelle Perspektive angesehen, wobei die sozialen Beziehungen nur durch die Erforschung der Kommunikationsnetzwerke in Betracht gezogen werden können. Obwohl man über Innovation spricht, diskutiert man nicht über ihre sozialen Konsequenzen. Das Konzept der *kritischen Masse* wird zum ersten Mal in einer solchen Art von Studie in der zweiten Hälfte der neunziger Jahre verwendet.

5.5.Die Analyse der Kommunikationsnetzwerke

Die Konzeptualisierung der sozialen Netzwerke und die Soziometrie generell wurden vor mehr als fünfzig Jahren eingeführt. Barnes ist der Wissenschaftler, welcher 1945 eine Studie über die Bewohner einer Insel in Norwegen veröffentlichte. Die Analyse der sozialen Netzwerke setzt in erster Linie die Analyse der sozialen Beziehungen um eine Person, innerhalb einer Gruppe oder Organisation voraus. Für Rogers werden die Kommunikationsnetzwerke durch *interconnected individuals who are linked by patterned communication flows* dargestellt und die Analyse der Kommunikationsnetzwerke orientiert sich auf *the interpersonal linkages created by the sharing of information in the interpersonal communication structure* (Rogers, 1986).

Wenn bis jetzt die individuellen Merkmale der Empfänger, welche die Medieneffekte beeinflussen, betont worden sind, sind jetzt die Beziehungen zwischen den Empfängern von großer Bedeutung. Die Mehrheit der Studien im Bereich der Kommunikationsnetzwerke wurden innerhalb verschiedener Organisationen im Bezug auf die Identifizierung von Gruppen durchgeführt, um das Profil und die kommunikationale Rolle der Organisationsmitglieder, den kommunikationalen Stil, die Art, in welcher die Information in einer effizienten Weise verbreitet wird, zu bestimmen und letztendlich um eine Kommunikationskarte innerhalb dieser Netzwerke einzusetzen. Es wird eine Kausalitätsbeziehung zwischen den verschiedenen Variablen verfolgt und es werden gewisse Eigenschaften des Netzwerkes analysiert, wie zum Beispiel der Integrierungsgrad, der Diversifizierungsgrad, der Öffnungsgrad und der Verbindungsgrad zu anderen Netzwerken. Es wird behauptet, dass die gesamte Gesellschaft fast gänzlich in Kommunikationsnetzwerke unterteilt ist. Manuel Castells bezeichnete, einen der Bände der Trilogie, in welcher er die heutige Gesellschaft analysiert, mit *The Rise of the Network Society* und betont somit die Relevanz der Kommunikationsnetzwerke für die Welt der Gegenwart (Castells, 2000).

Die Rolle der Kommunikationsnetzwerke in der Meinungsbildung, in der Verbreitung von Information und Innovation, besonders die Rolle der Meinungsführer (*centrals*) und der Nicht-Meinungsführer, der sogenannten *marginals* und die Kommunikationsbeziehungen zwischen verschiedenen organisationellen Strukturen stellen ebenfalls Forschungsthemen dar.

Die Analyse der Kommunikationsnetzwerke liefert eine neue methodologische Perspektive anhand derer der Meinungsführer nicht durch die eigene Deklaration, auch nicht durch die Erkennung durch die anderen Teilnehmern am Kommunikationsprozess identifiziert wird, sondern durch die Tatsache, dass ein starker Informationsfluss von seiner Seite zu anderen Mitgliedern der Gruppe entdeckt wird. *Eine starke Persönlichkeit* ist gemäß dieser Analysierungsart eine andere wichtige Eigenschaft des Meinungsführers.

Gabriel Weimann veröffentlicht 1994 in dem Band *The Influentials. People who Influence People* die Ergebnisse einer Forschung bezüglich der interpersonellen Kommunikations-netzwerke, die in einem *kibbuz* in Israel unternommen wurde. Weimann verwendet seinerseits die Begriffe *strong ties* (starke Verbindungen) beziehungsweise *weak ties* (schwache Verbindungen). Die Beziehungen innerhalb der sozialen Netzwerke werden aus der Perspektive der Intensität und der Regelmäßigkeit der Kommunikationsprozesse analysiert. Personen, die eine zentrale Position innerhalb der Netzwerke einnehmen und allgemein *centrals* genannt werden, üben ihren Einfluss auf die Informationsverbreitung im Rahmen der Netzwerke aus, während die Personen, die an der Peripherie liegen, zuständig besonders für die Kommunikation zwischen verschiedenen Netzwerken sind und als wahrhaftige *Importeure* von neuen Informationen in das Netzwerk betrachtet werden. Die Intensität der Kommunikationsprozesse zwischen Personen mit schwacher Randrolle aus demselben Netzwerk ist gering. Weimann erweitert das Anfangsmodell des Zwei-Stufen-Flusses der Kommunikation mit dem Anteil der Kommunikation zwischen *marginals* (Weimann, 1994). Der Band *Communication Networks: Towards a New Paradigm for Reserach,* veröffentlicht 1981 von den Forschern Rogers und Kincais, stellt ein anderes eloquentes Beispiel für die Analyse der Kommunikationsnetzwerke dar und hat als Fallbeispiel die Art und Weise, in welcher Frauen in einem Dorf in Korea die Kommunikationsnetzwerke verwenden, um die Lebensbedingungen ihrer Familie zu verbessern.

Ausgehend von dem Modell des Zwei-Stufen-Flusses der Kommunikation, über das Modell der Informationsverbreitung hinaus und bis zu der Analyse der Kommunikationsnetzwerke, hat sich das Konzept des Meinungsführers sowohl aus theoretischer Sicht als auch vom Standpunkt der verwendeten methodologischen Instrumente her geändert. Trotzdem: *the concept of the opinion leader, born a half century ago, had its golden days, its challenges, and decline. It survived mainly through growing sophistication and constant modification* (*ibidem*, 1994: 286).

5.6.Die Theorie der Wissensklüfte (*Knowledge Gap*)

Die Steigerung des Informationsvolumens hat keine direkte Auswirkung auf den Zuwachs des Informierungsgrades der Bevölkerung, wobei die präexistenten Wissensunterschiede betont werden – das ist die Hauptidee der Theorie der Wissensklüfte, laut den amerikanischen Forschern der Universität von Minnesota Philip J.Tichenor, George A. Donohue und Clarice N. Olien (aus diesem Grund bekannt unter der Bezeichnung *die Gruppe aus Minnesota*), welche die ersten waren, die in der Fachliteratur im Jahre 1970 den Artikel mit dem Titel *Mass Media Flow and Differential Growth in Knowledge* veröffentlichten. Die Medienwirkungen sind laut dieser Theorie indirekt, zirkulär und reflexiv. Es ist in diesem Kontext die Rede von der Informierung bezüglich politischer, aber auch technisch-wissenschaftlicher Themen, da die Existenz gut informierter Bürger gemäß gewisser Theorien erforderlich für den guten Lauf jeder Demokratie ist. Die Theorie der Wissensklüfte analysiert das Verhältnis zwischen dem Informationsangebot und der Mediennutzung unter einem zeitlichen Aspekt.

Die Massenkommunikation kann dysfunktionale Auswirkungen auf die Gesellschaft haben. Die verschiedenen Bevölkerungsschichten nutzen die Medieninformationen nicht gleichmäßig. Die Haupthypothese wird in folgender Weise formuliert: wenn in einem sozialen System der Informationsfluss zunimmt, haben die Bevölkerungsschichten mit einem höheren sozialen Status und/oder mit einem höheren Bildungsniveau die Tendenz, schneller Informationen aufzunehmen als die Bevölkerungsschichten mit niedrigem sozialen Status und/oder niedrigem Bildungsniveau, so dass die Wissensklüfte betont werden (Tichenor/Donohue/Olien, 1970, nach Bonfadelli, 2004: 253). Die Theorie der Wissensklüfte ist eng verbunden mit den Theorien bezüglich der Informationsverbreitung, so dass die Medien die Rolle der Festigung der Tendenzen haben, die in der Gesellschaft vorhanden sind. Es gibt mehrere Informationstypen: politische, wirtschaftliche, wissenschaftliche, praktische usw. Informationen.

Tichenor und seine Mitarbeiter haben fünf Faktoren identifiziert, welche das Auftreten der Wissensklüfte beeinflussen:

1. **Der Medienkenntnisstand** – die Fähigkeit, Mitteilungen zu empfangen und zu verstehen (wie zum Beispiel die Fähigkeit zu lesen, den Computer zu benutzen, im Internet zu surfen etc.) ist größer bei den Rezipienten mit einem höheren Bildungsniveau,

2. **das Vorwissen** – das Vorwissen über ein Thema, steigert die Aufmerksamkeit gegenüber anderen Informationen bezüglich dieses Themas und erleichtert die Verständigung,
3. **die sozialen Kontakte** – Individuen mit einem höheren Wissensstand haben mehrere soziale Kontakte, was mehrere Gelegenheiten mit sich bringt; die sozialen Netzwerke beeinflussen ihrerseits die Einstellung und das Verhalten gegenüber der Information,
4. **die selektive Einstellung gegenüber Informationen** – die Aufnahme, die Annahme und das Wahrnehmen der Informationen werden auch vom Bildungsniveau bestimmt; die Zuneigung zu verschiedenen Medienprodukten wird vom Bildungsniveau bestimmt,
5. **das Spezifikum verschiedener Medientypen** – die verschiedenen Typen von Medien beeinflussen die Wissensklüfte (zum Beispiel Individuen, die Zeitungen lesen, werden besser informiert als solche, die nur Fernsehen schauen), (Bonfadelli, 2004: 254-255).

Wegen der komplexen Problematik ist die empirische Forschung erschwert worden, so dass vollständige Studien, welche die Hypothese der Wissensklüfte bestätigen, ziemlich selten sind. Dennoch beträgt die Zahl der veröffentlichten Studien in Fachzeitschriften, die als Anhaltspunkt die Hypothese der Wissensklüfte haben, über 100. Die eingesetzten Methoden sind in der Regel die *Panel*-Forschung oder sogar das Experiment. Für die Bestimmung der Informationsmenge und der Themen, die in den Medien präsentiert werden, wird gewöhnlich die Inhaltsanalyse verwendet. Für die Bestimmung der sozialen Strukturen, die relevant sind, werden soziodemografische Daten verwendet, und für die Bestimmung des Informierungsgrades von verschiedenen Publikumsgruppen wird die Befragung eingesetzt (Jäckel, 2008: 298).

Man bemerkt zwei Kategorien von Studien: auf der Makroebene, ausgerichtet auf die Effekte, welche die ganze Gesellschaft betreffen, und auf der Mikroebene, welche auf die Einzelperson konzentriert ist. Diese Theorien nuancieren die Anfangshypothese und führen neue Variablen in die Forschung ein. Auf der Makroebene gibt es eine Tendenz der Homogenisierung des Wissens bezüglich eines bestimmten Themas, welches die ganze Gesellschaft betrifft, wenn dieses Thema ein Konfliktpotenzial hat oder wenn die Öffentlichkeit polarisiert, gespalten ist. Die Wissensklüfte sind intensiver in komplexen Gesellschaften, welche starke und vielfältige Mediensysteme haben. Auch wenn die Wissensklüfte groß sind, wenn Informationen über Konflikte auftreten, werden sie mit der Zeit verwischt. Die bedeutendsten Ergebnisse von Wissensklüften werden von Studien über Informierungskampagnen geliefert. Die Informierungskampagnen stellen die kommunikationale Antwort für die Lösung der Probleme in der Gesellschaft dar und werden in vielen Bereichen verwendet, wie zum Beispiel im politischen, wirtschaftlichen, sozialen, technisch-wissenschaftlichen Bereich usw. Die am meisten mediatisierten Themen der Informierungskampagnen stehen in Verbindung mit der nationalen Sicherheit, der Gesundheit der Bevölkerung, der Umwelt, so dass die Organisationen, welche derartige Kampagnen fördern, Regierungsorganisationen, aber auch Kirchen, Non-Profit-Organisationen oder sogar Unternehmen sein können. Die Mehrheit der Informierungskampagnen ist in das Spektrum der Öffentlichen Kommunikation einbezogen, welche die Erfüllung von Aktivitäten der systematischen Kommunikation darstellt und ein klares Ziel hat, und zwar die Beeinflussung bestimmter Zielgruppen in einem positiven und erwünschten Sinne bezüglich eines bestimmten Problems. Die Öffentliche Kommunikation ist nicht vergleichbar mit der Werbung für verschiedene Güter, auch nicht mit Imagekampagnen.

Auf der Mikroebene und auf der psychologischen Ebene sind die Relevanz der Information, die subjektive Wahrnehmung ihrer Wichtigkeit, das Vorwissen, die Anwendung der inter-personellen Kommunikation zum Zweck der Informierung, Faktoren, welche die Aufnahme der Information durch die Individuen bestimmen. Mit der Erscheinung und der Nutzung des Internets in großen Massen sind neue Studien aufgetreten, welche die Hypothese der Wissensklüfte testen. Man spricht über den so genannten *trickle-down-Effekt*, über die großen Unterschiede bezüglich der Internetnutzung, die abhängig von Erziehung, Einkommen, Alter und Geschlecht sind. *Digital divide* ist das allgemeine Syntagma, das von Pippa Norris verwendet wurde, um die unterschiedlichen Effekte der Internetnutzung zu bezeichnen. *Digital divide* wird repräsentiert von *global divide* (die Hauptunterschiede in der Internetnutzung werden auf verschiedenen Kontinente registriert, ein grundlegendes Bespiel dafür ist die Anzahl der Internetnutzer auf dem europäischen Kontinent im Verhältnis zur Gesamtbevölkerung, verglichen mit der Anzahl der Internetnutzer im Verhältnis zu der Gesamtbevölkerung auf dem afrikanischen Kontinent), *social divide* (in demselben Land gibt es Personen, welche sich den Zugang zum Internet leisten können und Personen, welche sich finanziell diese Dienstleistung nicht leisten können) und *democratic divide* (bezieht sich auf die Art und Weise, auf welche die Bevölkerung, je nach dem Zugang zu politischen Informationen anhand des Internets, gegliedert wird (Norris, 2001: 4).

In den letzten Jahren wurden drei leicht unterschiedliche Modelle entworfen, welche die Wissensklüfte erklären:

Causal Association Modell – im Rahmen dessen der sozioökonomische Status unter der allgemeinen Bezeichnung des formalen Bildungsniveaus operationalisiert wird, und der entscheidende Hauptfaktor die Motivation ist.

Rival Explanation Modell – das Bildungsniveau und die Motivation sind zwei Variabeln, die um den Informierungsgrad konkurrieren, also ist ein starkes thematisches *involvement* entscheidend für die Erscheinung einiger Wissensklüfte.

Motivation-Contigency-Modell – obwohl das Bildungsniveau entscheidend für die Informierung ist, werden die Wissensklüfte kennzeichnend reduziert, wenn eine starke motivierende Einbeziehung besteht; dort wo das Bildungsniveau absinkt, kann die Motivation die Aufrechterhaltung der Klüfte nicht bestimmen (Jäckel, 2008: 299-300).

Es ist nötig, dass man den Unterschied zwischen der faktischen und der strukturierten Information macht. Die faktische Information bezieht sich auf gewisse Fakten, wobei die strukturierte Information auf Prozessen beruht. Studien zeigen, dass in der Regel die Fakten leichter vorgestellt und erinnert werden, während die komplexen Prozesse eine gewisse Anstrengung erfordern. Die Wissensklüfte sind repräsentativ, besonders für die strukturierte Information.

5.7.Die Kultivationstheorie

George Gerbner, Mitglied der *Annenberg School of Communications* in Philadelphia, Vertreter dieser Theorie, die in der siebziger Jahren erschien und welche auf dem Konzept *der Medienrealität* basiert, ist der Ansicht, dass das Fernsehen eine große Bedeutung in der Sozialisierung hat, und, da es ohne viele finanzielle und intellektuelle Bemühungen zugänglich ist, exzessiv benutzt wird. Die Vertreter der *Annenberg School of Communications* haben es anhand dieser Theorie geschafft, eine öffentliche Debatte bezüglich des Fernsehens und dessen Effekte auszulösen, wobei das Fernsehen von Gerbner als *the central and most pervasive mass medium in American culture,* und als das wichtigste und das allgegenwärtigste Medium der Gegenwartskultur angesehen wird (Gerbner et al., 1980: 14). Besonders wird die Analyse des fiktionalen Angebotes und des Unterhaltungsangebotes der Fernsehsender betont. Von 1967 bis in die Mitte der achtziger Jahre wurde jährlich die so genannte *Message-System-Analysis* durchgeführt, welche die seitens der amerikanischen TV-Produzenten konstante und zunehmende Nutzung einiger Symbole widerspiegeln, die sich von der Realität distanzieren und das von Gerbner bezeichnete *centralized system of storytelling* darstellen. Die Forschungen, welche ein Profil der Gewalt bestimmen sollten, wurden mit der Unterstützung der *National Commission on Causes and Prevention fo Violence* durchgeführt. Die Medien und insbesondere das Fernsehen übernehmen in der Ansicht von Gerbner die Funktion, welche früher von der Religion erfüllt war, und werden somit zum integrierten Hersteller von Symbolen. Der Autor versteht unter Kultivation das intensive Ausgesetztsein zu einer Mitteilung, infolgedessen eine bestimmte Auffassung fixiert wird (Coman, 1999).

Das Fernsehen stellt eine Gemeinkultur her, welche zum großen Teil unabhängig von den demografischen Einflüssen ist. Der Inhalt der Fernsehprogramme ist homogen und die Produktion ist zum großen Teil zentralisiert. Wegen der kommerziellen Ziele ist es wünschenswert, dass die Mehrheit der Zuschauer zufrieden gestellt wird, so dass in den bekanntesten Programmen die dominante Ideologie mit Erfolg vertreten wird. Der Rezipient trägt zum Teil auch die Schuld, da er dieses Medium exzessiv ohne Urteilskraft und Selektivität benutzt. Man macht den Unterschied zwischen denen, die das Fernsehen maßvoll nutzen, den so genannten *light viewers* (bis zu 3-5 Stunden am Tag) und denen, die mehr Fernsehen schauen (über 3-5 Stunden am Tag), bezeichnet als *heavy viewers*. Die Hauptidee besagt, dass je mehr das Verhalten von Fernseh-Mitteilungen beeinflusst wird, desto größer ist die Nutzung dieses Medientyps. Es besteht die Gefahr, dass die umgebene Wirklichkeit mit der Fernseh-Realität verwechselt wird, besonders im Falle von Personen, die sich durch eine erhöhte Mediennutzung kennzeichnen. Die Wirkungen können mittel- und langfristig sein. Die Wirkung der Medienmitteilungen erkennt man, wenn ein Unterschied zwischen den Meinungen der *light viewers* und der *heavy viewers* besteht. Die Letzteren leben in einer so genannten *scary world* (erschreckenden Welt) und ihr Bild über die umgebene Wirklichkeit nähert sich sehr stark der Fernseh-Realität.

Diese Theorie wird insbesondere eingesetzt, um das gewalttätige Verhalten der exzessiven Benutzer von Medien mit gewaltsamen Inhalten zu erklären. Forschungen aus den letzten Jahren haben das Anwendungspotenzial dieser Theorie in Bezug auf die exzessive Nutzung der Computerspiele oder auf die Effekte der Filme, die in die A-Kategorie eingeordnet werden und in Hollywood gefördert werden, bewiesen.

Die Kritik der Kultivationstheorie konzentriert sich auf die methodologischen Probleme und auf die Unklarheit des Begriffes "Einfluss auf die Rezipienten", da die Bereiche, in denen die Empfänger beeinflusst werden, sehr undeutlich sind. Obwohl die Kultivationstheorie als eine Theorie bezüglich der Sozialisierung betrachtet wird, ist die integrierte psychologische Komponente sehr schwach. Der Rezipient wird als ein passives Individuum angesehen, das zum Beispiel nicht den Unterschied zwischen den diversen subjektiven Herangehenstypen der Gewalt macht.

Die Differenzierung, welche Gerbner später im Jahre 2000 unternimmt, setzt Folgendes voraus: die Anwendung dieser Theorie nur in den *mainstream*, auf einen Teil der Bevölkerung, welcher sich dem TV-Konsum anpasst und die Auswirkung auf die, die dieses Medium wenig benutzen, nicht einschließt. Auch das Konzept von *resonance* wird in diese Theorie nicht einbezogen, da das Fernsehen eine große Auswirkung auf die benachteiligten Gruppen hat. Ein Beispiel dafür ist die zunehmende Gewalt gegenüber Frauen in den Großstädten der USA. Im Falle der *heavy users* scheinen die Medienwirkungen, unabhängig von den verschiedenen Bildungsniveaus, gleich zu sein. Die Meinungen und Einstellungen der Individuen können auf verschiedene Wege beeinflusst werden, wobei das Fernsehen nur einer dieser Wege ist, behauptet einer der amerikanischen Forscher, welcher Gerbners Schritten zum Zweck der Forschung der Fernseheffekte gefolgt ist. Die letzten Jahre stellten aus der Perspektive der Kultivationstheorie eine Neubelebung der Forschung dar. Das *European Journal of Communication* hat die Nummer 3/2004 dieser Theorie gewidmet. Aus der Perspektive dieses Modells wurden Serienfilme analysiert, welche sich einer großen Berühmtheit erfreuen, wie zum Beispiel CSI. Somit ist bewiesen worden, dass die Vorliebe/Präferenz der Medien, gewisse Berufe positiv darzustellen, Auswirkungen auf die öffentliche Wahrnehmung dieses Berufes hat.

5.8.Third-Person Effekt

Third-Person-Effekt

Third-Person-Effekt ist die Bezeichnung der Theorie, die 1983 von W. Phillips Davison veröffentlicht wurde und 1996 im *Journal of Public Opinion*

Research als eine revidierte Version des ursprünglichen Modells erschien. Ein anderer Wissenschaftler, welcher seine Forschungen auf das Studium dieses Effektes ausgerichtet hat, ist Richard Perloff. Die Idee, von der diese Theorie ausgeht, besagt, dass die Individuen nicht genügend über jedes Thema, das in den Medien vorgestellt wird, wissen, und sich somit nach dem richten, was sie von anderen Personen oder aus dem Umfeld erfahren können, um sich eine Meinung bezüglich des betreffenden Themas zu bilden. Demzufolge haben sie den Eindruck, dass andere Personen in der gleichen Art handeln. Je mehr eine Person glaubt, dass ihre Meinungsbildung wenig beeinflusst wird, desto mehr zieht sie die Möglichkeit in Betracht, dass andere Personen stark beeinflusst werden können. Generell sind Menschen der Ansicht, dass nicht sie selbst, sondern die anderen von den Medien stärker beeinflusst werden und leben praktisch mit der Illusion, nicht beeinflusst werden zu können.

Zum Zweck der Überprüfung der Hypothese des Third-Person-Effekts, haben 1997 Brosius und Engel eine Studie durchgeführt, bezüglich der Art und Weise, in der die Personen den Persuasionsaspekt der Werbung bewerten. Die Mehrheit der Befragten behauptet, dass sie von der Werbung nicht beeinflusst wird, aber dass die Werbung mit Sicherheit einen Einfluss auf andere Personen hat. Der Third-Person-Effekt ist ein reflexiver Effekt, der der parasozialen Interaktion ähnlich ist. Die Intensität dieses Effektes hängt von einer Reihe von Variabeln ab, wie: Thema, personelle Einbindung (*involvement*), Informationsquelle, Alter, Bildungsniveau, sozialer Abstand (Merten, 1999: 377-378).

Agenda-Setting-Theorie

Das Ausgangsmodell dieser Theorie wurde von den Forschern Mc-Combs und Shaw entwickelt. Während die ersten Studien bezüglich dieser Theorie im Jahre 1976 erscheinen, wird sie 1978 als eine der wichtigsten Theorien der letzten Zeit angesehen, welche sich generell mit den mittel- und langfristigen Medienwirkungen und speziell mit den kognitiven Wirkungen beschäftigt. Die kognitiven Wirkungen sind solche, welche auf die Selektion, Wahrnehmung und Speicherung von Informationen Einfluss ausüben. Dieses Modell basiert auf den Ergebnissen einer Studie, die auch dieses Mal während einer Wahlkampagne durchgeführt wurde. Die Studie ist in der Fachliteratur unter der Bezeichnung *Chapel Hill* bekannt, einer Stadt im US-Bundesstaat North Carolina, in der die Forschung durchgeführt wurde. Die Grundlagen dieser Theorie sind aber in dem Werk des berühmten amerikanischen Journalisten Walter Lippmann zu finden, der sich im Jahre 1922 in dem Kapitel *The World Outside and the Pictures in Our Heads,* aus seiner berühmten Arbeit *Public Opinion,* die Frage der Medienrolle in der Auswahl und Vorstellung gewisser Themen in Bezug auf das Publikum stellte. Die Medien beeinflussen das Vermögen der Bevölkerung, die Wichtigkeit eines Themas wahrzunehmen. 1963 hat Bernard Cohen die Essenz dieses Modells folgenderweise synthetisiert: *The press may not be successful much of the time in telling people what to think, but it is stunningly successful in telling its readers what to think about.* Anhand des Volumens und der Platzierung einiger Informationen in Form von Nachrichten in den Massenmedien wird die Öffentlichkeit beeinflusst. Die Medien beeinflussen nicht die Denkweise der Menschen, sondern haben eine Auswirkung auf das, worüber diese nachdenken.

Bevor diese Theorie näher vorgestellt wird, ist die Erklärung einiger Begriffe nötig:

- ***Agenda Setting*** – ist der Prozess, durch welchen die mentale Wahrnehmung der Öffentlichkeit und generell der Rezipienten bezüglich der Platzierung gewisser Themen in den Medien und deren Platz in der Medienvorstellung beeinflusst wird,
- ***Agenda Building*** – bezeichnet den Prozess anhand dessen gewisse Themen, die verschiedenen Bereichen (Politik, Wirtschaft, Kultur usw,) zugeordnet werden können, in der Medienagenda eingeschlossen werden und sich einer kennzeichnenden Mediatisierung erfreuen,
- ***Inter-media-Agenda-Setting*** – ist der Prozess, durch welchen gewisse Medientypen von anderen Medientypen in der Bildung der Agenda beeinflusst werden (Jahren/Donges, 2002).

Das Agenda-Modell verwendet eine komplexe Methodologie, welche die Quantifizierung der Beziehung zwischen **der objektiven Realität** (bestimmt durch eine Reihe von Indikatoren, *real-worlds-indicators,* welche in Statistiken, Experteninterviews etc. vorkommen; die häufigsten Indikatoren stehen in Verbindung mit der Kriminalitätsrate, dem Drogenkonsum, der Arbeitslosenrate und anderen sozialen Problemen), **der Medienwirklichkeit** (die durch die quantitative und qualitative Inhaltsanalyse von Zeitungen, Zeitschriften, des Radios, des Fernsehens und der Websites bestimmt wird; es ist wichtig, eine Abgrenzung einiger präziser Kategorien und gleichzeitig die Abgrenzung einer repräsentativen Stichprobe vorzunehmen, um das zu bestimmen, was McCombs und Shaw (sogar in dem Ausgangsmodell) als *major items* und *minor items* bezeichnen, also Hauptthemen beziehungsweise Nebenthemen) und nicht zuletzt **der sozialen Realität** (hier werden Befragungen eingesetzt oder es werden Daten aus den Befragungen, die periodisch in der Art von Gallup angewendet werden, benutzt, wie zum Beispiel: *Welches, glauben Sie, ist in den letzten Tage, das wichtigste Problem Ihres Landes? Abgesehen von den Deklarationen der politischen Akteure, was muss, Ihrer Meinung nach die Regierung in der folgenden Periode unternehmen?* Oder sogar Fragen über den Inhalt der interpersonellen Kommunikation: *Welche sind die Hauptthemen, welche Sie mit anderen Personen besprechen?* etc).

Bei dem methodologischen Design ist es wichtig in Betracht zu ziehen, dass zwischen der Vorstellung einiger Themen durch die Medien und deren Wahrnehmung als wichtige Informationen durch die Empfänger, ein gewisser Zeitraum besteht. Die Spezialisten sind sich nicht einig über die Zeitspanne, in der die Agenda-Effekte zum Vorschein kommen, so dass einige die Erscheinung dieser Effekte nach vier Monaten bemerken, andere nach zwei Wochen und wieder andere nach zwei Tagen. Die Rolle des Zeitfaktors für das Agenda-Modell ist von Wolfgang Eichhorn analysiert worden. Der deutsche Forscher unterscheidet die folgenden Typen von Effekte: kurzfristige Effekte manifestieren sich, wenn das vorgestellte Thema von sehr großer Bedeutung für das Publikum ist, so dass der Agenda-Effekt in einer Zeitspanne von einigen Tage bemerkt werden kann; langfristige Effekte entstehen, wenn das Thema nur nach einer gewissen Zeitspanne nach seiner Vorstellung wichtig für das Publikum wird, wie zum Beispiel diverse Reformprozesse; kumulative Effekte treten auf, wenn ein Thema von den Medien in verschiedenen Zeitperioden vorgestellt wird (Eichhorn, 1995: 29).

Einige Jahre nach der Veröffentlichung der Ausgangstheorie kann man den Unterschied zwischen den folgenden Manifestationsmodellen des Agenda-Setting-Effektes bemerken:

- ***das Awareness-Modell*** (übersetzt: das Aufmerksamkeitsmodell) – die Medienwirkung wird auf der Wahrnehmungs- und Aufmerksamkeitsebene des Rezipienten erzeugt, welche nicht vom Interesse des Rezipienten für ein Thema abhängig ist, sondern sich in erster Reihe auf die Tatsache stützt, dass das betreffende Thema von den Medien vorgestellt wurde,
- ***das Salience-Modell*** (übersetzt: das Modell des thematischen Universums oder Hervorhebungsmodell)- je mehr ein Thema in den Medien behandelt wird, umso wichtiger wird es für den Rezipienten sein, mit anderen Worten erzeugen die Medien ein thematisches Universum,
- ***das Priorities Modell*** (übersetzt das Themenselektionsmodell)- für den Rezipienten wird die Wichtigkeit eines Themas durch

die Platzierung des Themas in einer gewissen Reihenfolge in den Nachrichtensendungen bestimmt.

Die Medien wenden erstmal als Handlungsstrategie die Erregung der Aufmerksamkeit und danach die Informationslieferung an (Jäckel, 2008: 174-175).

Das Roger-Dearing Modell, das die Namen der zwei Forscher trägt, welche zu der Entwicklung des Modells beigetragen haben, basiert auf dem Ausgangsmodell, das von McCombs und Shaw vorgeschlagen wurde. Der Hauptunterschied zwischen den zwei Modellen besteht in der Beschreibung der drei Agendatypen: **der öffentlichen Agenda** (*public agenda*), **der Medienagenda** (*media agenda*) und **der politischen Agenda** (*policy agenda*). Gemäß den Richtlinien des neuen Modells, beeinflussen die Medien unmittelbar die öffentliche Agenda wegen den gleichen Gründen, die von McCombs und Shaw bestimmt wurden. Die öffentliche Agenda beeinflusst die politische Agenda, weil die politischen Akteure Interesse an den Problemen der Wähler haben und weil in den letzten Jahren die Rolle der Medien in der Strukturierung des politischen Lebens von großer Bedeutung geworden ist. Die Medienagenda wird im Falle einiger Themen von der politischen Agenda beeinflusst (indem dem Publikum vorgestellt wird, was auf der politischen Bühne passiert). Die Medienagenda wird von der objektiven Wirklichkeit beeinflusst und stellt Ereignisse vor, die sich in den Medien abspielen. Wie man aus dem oben abgebildeten Schema bemerken kann, werden die Themen, die in den Medien vordringen, von den so genannten gatekeepers gefiltert und von anderen Faktoren beeinflusst. Das Konzept der gatekeepers wurde im Kapitel bezüglich der Theorien über die Informationsselektion diskutiert. Bis zu Rogers und Dearing ist dieser Faktor nicht thematisiert worden (McQuail/Windhal, 2004: 90). Aus methodologischer Sicht werden im Rahmen dieses Modells der Inhaltsanalyse der Medien, den Befragungen und den Indikatoren, die Dokumentanalyse verschiedener Gesetze, Regierungsentscheidungen und sogar die Analyse der Parlamentsdebatten hinzugefügt, um die politische Agenda zu erkennen.

Als Schlussfolgerung geben die Forschungsergebnisse Folgendes zur Erkennung: die Variabeln, welche in dem Agenda-Setting (AS) Prozess einsetzen, können sowohl beim Publikum, als auch in den Medien beziehungsweise bei den Themen vorkommen. Was das Publikum anbelangt, kann die häufige Mediennutzung, sogar die Abhängigkeit von den Medien zu einer stärkeren Wirkung führen. Im Falle von Personen, welche einen gewisses Feingefühl haben, mit anderen Worten, welche ein großes Interesse für ein Thema (issues-sensibility) zeigen, kann eine stärkere

Wirkung zum Vorschein kommen. Man spricht über eine Akkumulationswirkung. Je mehr ein Thema in den Medien behandelt wird, desto wichtiger wird es für den Rezipienten sein. Die Überschreitung eines gewissen Intensitäts-grades ist in der Vorstellung eines Themas erforderlich, damit man die Erscheinungs-möglichkeit einer Agendawirkung in Betracht ziehen kann. Wenn ein Ereignis mit einer direkten Erfahrung verbunden ist, wird dieses Ereignis eine größere Agendawirkung als seine Vorstellung in den Medien verursachen. Medien mit nationaler Reichweite erzeugen einen größeren Agendaeffekt als Medien mit lokaler Reichweite. Die Rolle der interpersonellen Kommunikation ist in den Agenda-Setting-Prozessen nicht sehr deutlich. Während einige Studien ihre Rolle positiv bewerten, sind andere Studien der Ansicht, dass die Prozesse der interpersonellen Kommunikation den Agendaeffekt einiger Themen hemmen. Die deutschen Forscher Brosius und Weimann haben 1995 eine Studie durchgeführt, in der sie versucht haben, eine Verbindung zwischen dem Modell des Zwei-Stufen-Flusses der Kommunikation und dem Agenda-Setting Modell zu machen (Bonfadelli, 2004: 246-248).

Studien bezüglich der Medien haben gezeigt, dass die Zeitungen einen größeren AS-Effekt haben als das Fernsehen *(zumindest ist das das Ergebnis der Ausgangsstudie, welchem wahrscheinlich von den aktuellen Veränderungen des Medienverhaltens widersprochen wird)*. Die Glaubwürdigkeit einer Mitteilung aus den Medien hat Auswirkungen auf den Agendaeffekt und wird als wichtigster Faktor des AS-Effekts für die Präsentationsmerkmale und die Positionierung im Rahmen der Sendungen gesehen (*zum Beispiel werden die Nachrichten, die am Anfang einer Sendung präsentiert werden, als die wichtigsten angesehen*). Die Themen beeinflussen den AS-Effekt so dass in der Regel negative Themen über Skandale und Katastrophen zu einem größeren AS-Effekt führen, deutliche Ereignisse und Umstände größere AS-Effekte hervorbringen als unklare Ereignisse, nicht zuletzt hängt die Entfaltung eines AS-Effektes sehr stark von den anderen Konkurrenzthemen ab. Der Echoeffekt stellt die Tatsache dar, dass ein Thema, dessen Anwesenheit in den Medien stark reduziert wird, noch immer das Interesse der Empfänger weckt (Bonfadelli, 2004: 241-242). Rogers und Dearing haben den Effekt der Assoziation mit sehr bekannten öffentlichen Personen mit sehr wichtigen Problemen beobachet, wie zum Beispiel die öffentliche Bekanntmachung, dass der berühmte Basketballspieler Magic Johnson mit Aids infiziert ist. Diese Ereignisse werden *trigger events* genannt und sind durch einen großen Agendaeffekt gekennzeichnet.

Das Agenda-Modell hat für viel Aufmerksamkeit in den Reihen der Medienforscher gesorgt. McCombs, der Autor des Ausgangsmodells, berichtet im Jahre 2000, dass in 25 Jahren über 200 wichtige Studien veröffentlicht wurden, welche als theoretisches Fundament dieses Modell haben. Es entwickelte sich, das was er *als Second-Level-Agenda-Setting* bezeichnet, und zwar eine Differenzierung des Ausgangsmodells, welches andere Faktoren einbezieht, die den AS-Prozess beeinflussen können, wie zum Beispiel: die Konkurrenz zwischen verschiedenen Medientypen, die Glaubwürdigkeit der Quelle, die Art des Themas, die Personalisierung einiger Themen, das Orientierungsbedürfnis und das Medienkonsumverhalten des Publikums. Es werden Attribute der Themen, Präsentations- und Strukturierungsmöglichkeiten der Nachrichten gesucht. Es wird vermutet, dass die Art und Weise, in der die Medien ein gewisses Thema vorstellen, Auswirkungen auf das Wahrnehmungsvermögen der Empfänger bezüglich des Themas hat (Bonfadelli, 2004: 239).

Die Agenda-Setting-Theorie betont die Wichtigkeit der Medien in der heutigen Gesellschaft und den Einfluss, welchen sie auf das Publikum und auf die politischen Akteure haben. Wenn das in Betracht gezogen wird, betont dieses Modell die Rolle, welche die Erforschung der Art und Weise, in der die Medien ihre Mitteilungen auswählen und strukturieren, hat. Was sind die Probleme, welche die Medien immer wieder präsentieren? Was sind die Probleme, die übersehen werden? Sind die Medieninstitutionen sich der Verantwortung, die ihnen zugeschrieben wird, bewusst? Das sind nur einige Fragen, die, obwohl sie keine direkte Verbindung mit dem Agenda-Modell haben, von diesem Modell verursacht werden.

5.9. *Priming* Wirkung

Unter *Priming* versteht man, dass einige Themen von den Medien privilegiert werden, wie Iyengar und Kinder beweisen, aufgrund der Idee, die in der experimentellen Psychologie verwendet wird, welche besagt, dass ein Individuum seine Urteile gegenüber einer Person oder eines Faktes nicht auf alle existierenden Informationen stützt, sondern nur auf diejenigen die ihm zur Verfügung stehen.

Wenn Wähler sich eine Meinung über einen Kandidaten bilden, führen sie keine systematische Forschung des ganzen vorhandenen informationellen Volumens durch,sondern benutzen die Informationen, die sie besitzen in einer selektiven Weise (Jäckel, 2008: 1985).

5.10.*Framing*

Mehrmals wurden die *Second-Level-Agenda-Setting*-Theorien, auch bekannt als *Attribute-Agenda*-Theorien und die *Framing*-Theorie gleichgesetzt.

Wer Erklärungen aus dem Feld der Theorie über *frames* benutzt, betritt ein interdisziplinäres Feld der Sozialwissenschaften, denn die Theorie schließt die Soziologie, die Politische Ökonomie, die Psychologie und die Kommunikationswissenschaft mit ein.

Die Theorie in Bezug auf *Framing* basiert auf der Voraussetzung, dass die Art, wie eine Nachricht in den Medien präsentiert wird, die Rezeption der Zuschauer beeinflusst. Die Wurzeln dieser Theorie sind in der Psychologie und Soziologie zu finden. Die Psychologen Kahneman und Tversky sind die ersten Autoren, die das Modell der *frames* benutzen.

Für die Relevanz seiner Forschungen wurde Kahneman 2002 mit dem Nobelpreis für Ökonomie belohnt. Der zentrale Gedanke ist, dass verschiedene Präsentationen einer perfekt identischen Situation die Entscheidungsprozesse eines Individuums und die Evaluation einer Situation beeinflussen kann.

Das Soziologische Fundament dieser Theorie wird durch die Werke von Erving Goffman, Präsident der *American Sociological Association*, und seiner Kollegen gesetzt, die der Meinung sind, dass Individuen die Welt nicht komplett verstehen können und dass sie aus diesem Grund versuchen, ihre eigene Lebenserfahrung konstant zu interpretieren, um den Ereignissen um sie herum einen Sinn zu geben.

Um Informationen wirksam zu strukturieren, verwenden Individuen interpretative Schemat – *frames* – oder anders gesagt interpretative Rahmen (Scheufele D.A./ Tewksbury D, 2007: 11-12).

Also sind frames nichts anderes als interpretative Rahmen, welche unter kognitiven Strukturen in den Köpfen der Journalisten funktionieren. Wenn man über Medien-*Frames* spricht, haben diese Strukturen die Rolle, bei diesen Selektionsprozessen mitzuhelfen und die Informationen zu präsentieren. Frames sind selektive Standpunkte über verschiedene Themen oder Ereignisse.

Die meist zitierten Definitionen des *Framings* als Prozess, welches diese selektiven Rahmen erschafft, findet man meist in der englischsprachigen Literatur, und zwar von den folgenden Autoren: Entman (1993), Gamson und Modigliani (1989), Gitlin (1980), Iyengar (1991), Scheufele D. (1999).

Iyengar und Simon beziehen sich als Referenz für Definitionen des framings auf einen der Väter der Kommunikationswissenchaften, Walter

Lippmann: *as Walter Lippmann noted nearly seventy years ago, we tend to know little about what is happening, why it happened and what ought to happen. But in modern times we do have pictures in our heads courtesy of ABC, CBS, CNN and NBC* (Iyengar/Simon, 1997: 256).

Für Entman benutzt Framing Selektion und platziert die Informationen in einem Prozess, der auf mehreren Dimensionen stattfindet. Einige werden von den Medien bevorzugt, andere ignoriert.

Kognitive und emotionale Elemente können einem Thema ein bestimmtes Gewicht geben: *to frame ist o select some aspects of a perceived reality and make them more salient in a communication text(...). Frame(..). define problems-determine what a causal agent is doing with what costs and benefits, usually measured in terms of common cultural values; diagnose causes-identify the forces creating the problem; make moral judgments-evaluate causal agents and their effects; and suggest remedies-offer and justify treatnents for problemd and predict their likely effects* (Entman, 1993: 52).

Gitlin spricht über die Rolle des *Framing* für Journalisten. Frames bedeuten für ihn Metaphern für die kognitive Struktur, die es den Journalisten ermöglicht, schneller zu arbeiten und auf Routine zu beruhen. Gamson und Modigliani veranschaulichen den dynamischen und instabilen Charakter der Frames der Medien, die abhängig vom gesellschaftlichen Diskurs sind. Nach Entman hat jedes Frame auch Elemente der klassischen Argumentation: Aufgabenstellung, Ursachenanalyse, moralischer Prozess und Gegenmaß-nahmen, mit anderen Worten, die Lösung (Entman, 1993).

Aus der Sicht des deutschen Forschers Dieter Scheufele, der nach Übersee ausgewandert ist, wo er zur Entwicklung dieser Theorie beitrug, ist die Rolle der *Frames to give a story a spin* (Scheufele D. 1999: 115). Wir können nicht von Frames sprechen, ohne Rücksicht auf ihren dichotomischen Charakter zu nehmen, für jede *Frame*-Struktur existiert auch eine komplementäre Struktur, also das Gegenteil.

Aus der empirischen Sicht zum Thema Medien, wird eine Studie, die auf der *Framing* Theorie beruht, die *Input-Output-Analyse* verwenden, sowie die Inhaltsanalyse, vielleicht das Experiment und Analyse der Quellen, die der Journalist benutzt und Tiefeninterviews mit Journalisten.

Die *Framing*-Forschung ist äußerst wichtig für die Öffentlichkeitsarbeit, da es die Art und Weise determiniert, in der der Input in *Media Relations* in *Medienoutput* umgewandelt wird.

Der Vorteil der Verwendung der *Framing*-Theorie ist, dass sie hilft, die Änderungen in der Präsentation der Medien-Ereignisse zu ermitteln und zu analysieren (Balaban, 2008c).

Von einigen Forschern als ein wesentlicher Beitrag zur Entwicklung der Medienwirkungsforschung, von anderen nur als paradigmatischer Ansatz ohne empirische Relevanz angesehen, weckt die *Framing* Theorie echtes Interesse bei den Forschern in den USA, in Großbritannien, der Schweiz und Deutschland usw.

2007 hat das *Journal of Communication* eine ganze Ausgabe *framing, priming* und *agenda setting* gewidmet, unter der Koordination von Prof. Dieter Scheufele. Zwischen 1990 und 2005 wurden in internationalen Zeitschriften 135 Artikel über framing publiziert, vom *Mass Communication Quarterly*, über das *Journal of Communication* bis zum *European Journal of Communication* (Balaban, 2008c).

Es gibt Versuche, *Frames* zu klassifizieren. Darum spricht der Schweizer Forscher Jörg Matthes von zwei Arten von *Medien-Frames*, formal-stilistische *Frames* und inhaltliche *Frames*. Iyengar und Simon sprechen über episodische *Frames* und thematische *Frames*.

Im ersten Fall werden einzelne Veranstaltungen in irgendeiner Form präsentiert, während die thematischen *Frames*, eine Serie von Ereignissen, als interpretative Rahmen in einem größeren Kontext präsentiert werden.

Die Multidimensionalität der *Framing*-Phänomene sollte nicht ignoriert werden. Es gibt *Framing* durch Auswahl von Themen, durch Gestaltung der internen Struktur, durch die Schaffung von Beziehungen zwischen verschiedenen Aspekten des Themas und nicht zuletzt durch die Gestaltung der externen Kontextualisation, durch die Schaffung von Beziehungen zu anderen Themen, was in der Literatur als *Frame –Bridging* bezeichnet wird (Jäckel, 2008: 1985).

5.11. *Uses-and-Gratifications-Approach* (UGA)

Dieses Modell ist repräsentativ für die dritte Phase der Forschung in den Medien: die Wiederentdeckung der starken, aber differenzierten Einflüsse der Medien (ca. 1965-1980).

Im Gegensatz zu den klassischen Studien, die nur auf die Persuasionseffekte zentriert sind, formuliert der *Uses-and-Gratifications-Approach (Nutzen- und Belohnungsansatz)* die Grundfrage neu: von *„Was machen die Medien mit den Rezipienten?"* zu *„Wie werden die Kommunikationsmittel von den Rezipienten genutzt?"*. In den 40er Jahren wurden erstmals empirische Studien über den Eskapismus im Konsum von Radiosendungen durchgeführt.

Die Theorie wird zum ersten Mal in einem Sammelband mit dem Titel *The Uses of Mass Communication* 1974 von Blumler und Katz präsentiert. Im gleichen Jahr veröffentlicht Karl Erik Rosengren einen Artikel zu diesem Thema in dem oben erwähnten Band.

Zu den bekanntesten UGA-Studien zählen die Studie von Katz und Gurevich / Haas in Israel im Jahre 1973, die Studie, die in Schweden im selben Jahr durch das Team Rosengren / Windham unternommen wurde, die Infratest-Studie in Deutschland im Jahr 1975 und die Studie der Forscher Saxer, Bonfadelli und Hättenschwiller in Zürich 1975.

Die Bedürfnisse der Menschen in verschiedenen sozialen Situationen und in verschiedenen Phasen ihrer psychischen Entwicklung sind der Ausgangspunkt dieser Theorie. Obwohl bestimmte Kategorien von Bedürfnissen durch die Medien erfüllt werden, ist nach wie vor empirisch zu bestimmen, wie dieses Phänomen entsteht. Die Medien unterliegen einem Auswahlverfahren, weil nur bestimmte Angebote zu Gratifikationen führen und da die Gratifikationen subjektiv wahrgenommen werden, führt das laut den Autoren zu einer bestimmten Mediennutzung.

Die fünf Thesen von Katz, Blumler und Gurevich (zusammen mit dem Forscherteam) können wie folgt zusammengefasst werden: Die Öffentlichkeit hat eine aktive Haltung; der Medienkonsum erfolgt mit dem Ziel, einige Bedürfnisse zu befriedigen; die Öffentlichkeit ist es, die eine Verbindung zwischen Bedarf und Medienangebot herstellt, das Befriedigung bringen kann.

Medienkonsum ist nur eine der Optionen der Befriedigung; die Rezipienten nehmen diese wahr und können sie beschreiben; Messwerte und die kulturelle Bedeutung der Kommunikation sind für dieses Modell nicht relevant.

Forschungen rund um die Nutzung und die Gratifikationen der Medien entwickeln sich um verschiedene Themen wie Struktur, Bestimmung, Differenzierung und Hierarchie der Kommunikation, die Häufigkeit und Intensität der Mediennutzung, um Gratifikationen zu erzeugen, die Komplexität und Angabe der Funktionen von verschiedenen Medien, die Beziehung zwischen Gratifikationen durch Medien und auf anderer Weise erzeugte Gratifikationen (z. B. zwischenmenschliche Kommunikation), wie die effektive Nutzung von Medien postkommunikative Effekte erzeugen kann, um die Änderung der Struktur des Konsums und der Medieneinstellungen während der Sozialisation (Bonfadelli, 2004: 171).

Man unterscheidet folgende Typologien von Bedürfnissen:

Kognitive Bedürfnisse: Bedürfnisse nach Information, die Kenntnisse auszuweiten, der Orientierung, Neugier,

Affektive Bedürfnisse: Entspannung, Ruhe, abschalten, Empathie und Identifikation, Eskapismus oder einfach der Wunsch seine Zeit schön zu verbringen,

Sozio-integrative Bedürfnisse: parasoziale Interaktion mit den Medienakteuren, Nutzen der Medieninhalte als Diskussionsmaterial in der interpersonellen Kommunikation.

Habitual-Integrative Bedürfnisse: Bedürfnis nach Sicherheit, Stabilität, was sich durch die Zeitstrukturierung in Bezug auf Medienkonsum auswirkt, eine Art Ritualisation (Bonfadelli, 2004: 171-172)

UGA Modell nach Palmgreen

Im Rahmen dieses Modells werden zwei Typen von Gratifikationen unterschieden:
Gratifications Sought (GS, gesuchte Gratifikationen) und *Gratifications Obtained* (GO, erhaltene Gratifikationen). Die Suche nach Gratifikationen wird von Erwartungen und Einschätzungen beeinflusst, und die bekommenen Gratifikationen sind diejenigen, die die Wahl der Medien beeinflussen. *Gratifications Obtained* stärken oder verändern auf der Basis von Feedback das Bild des Rezipienten über die Gratifikationen verschiedener Medien, und haben darum einen Einfluss auf die Mediennutzung in der Zukunft.

Das Modell besagt, dass die Einschätzung nicht von *Gratifications Obtained* beeinflusst wird, sondern vom eigenen Wertesystem.

UGA ist ein Basismodell, von welchem die ganze Mediennutzungsforschung ausgegangen ist, welche sich in den letzten Jahren zu einem eigenen Kapitel in Medienforschung entwickelt hat. Ein schwedisches Forschungsteam, geleitet von Karl Erik Rosengren, differenziert folgende Bedürfnisse:

Orientierungsbedürfnisse (*surveillance, information, decision al utility, issue guidance, vote guidance, curiosity, personal identity, personal reference*), parasoziale Beziehungen (*substitution, companionship, para-social interaction, para-social guidance*), soziale Integration (*interpersonal utility, play conversation, anticipated communication, persuasive conversation*) und Para-Orientierung (*excitement, diversion, dramatic entertainment, relaxation, avoidance, time consumption, habit, ritual*), (Rosengren, 1996).

Der Begriff *Involvement* wurde 1965 vom amerikanischen Forscher Krugman eingeführt und wird nicht nur in der Medienwirkungsforschung benutzt, sondern auch in der Werbewirkungsforschung.

Das Konzept des *Involvement* beschreibt die Beziehung zwischen Produkt und Verbraucher, die individuelle Wichtigkeit jedes Produkts (mit „Produkt" kann auch eine Zeitung oder Zeitschrift und allgemein alle Medienprodukte bezeichnet werden). Das *Involvement* kann durch den Beteiligungsgrad des Verbrauchers beim Kauf eines Produktes bestimmt werden.

Das *Involvement* in Bezug auf ein Produkt wird gemäß dem Strukturmodell von Trommsdorff von der Person, dem Produkt, der Atmosphäre, der Lebensumwelt, der Nachricht und der Kommunikationssituation determiniert und beeinflusst die Wahrnehmung der Werbeinformation, deren Analyse und das Erinnern dieser Information.

Die Effekte der Wiederholung der Nachricht unterscheiden sich je nach Typ des Medienangebotes oder auch je nach der Art der Werbung (informativ oder emotional) und je nach dem Typ des Produktes (*high* oder *low involvement*). Typische *high-involvement*-Produkte sind meist für die große Masse der europäischen Verbraucher z.B. Autos und *low involvement* sind meist Lebensmittel (Trommsdorf, 1995).

5.12.Elaboration-Likelihood (EL) Modell

Dies ist eine Theorie, die auch als *Theorie der Konsistenz* bekannt ist und von Petty und Cacioppo entwickelt wurde. Das EL-Modell ist das berühmteste unter den relationellen Modellen und wurde Mitte der 80er Jahre publiziert (1981, 1985). *Involvement* ist der zentrale Begriff und die Differenzierung wird zwischen high und low involvement vorgenommen.

Beim *high involvement* sind die Einstellungen stark und stabil auf lange Zeit, die Beziehung zu Einstellung und Verhalten ist offensichtlich in diesem Fall, es charakterisiert den so genannten *zentralen Weg* und differenziert es von den *peripheren Wegen*.

Bei den peripheren Wegen wird die Medienwirkung von peripheren Stimuli diktiert, welche vom Rezipienten als positiv angesehen werden. Die geringe Stabilität der Einstellungen kann geändert werden, im Sinne einer Besserung, wenn die peripheren Stimuli eine Beziehung zum beworbenen Produkt haben.

Die Rezipienten sind nicht gänzlich rational und auch nicht irrational. Eine Serie von Faktoren wie Motivation und die Kapazität, die Werbeargumente zu beurteilen, spielen eine wichtige Rolle in der Einstellung zur Werbenachricht. Wahrhaftigkeit oder Humor können zu positiven Wirkungen führen, aber auch zu gar keiner Wirkung.

5.13. Analyse des Empfanges - *British Cultural Studies*

Die British Cultural Studies sind eine Strömung, die in Großbritannien Mitte des 20. Jh. entstanden ist, deswegen findet man sie auch in den Universitätsprogrammen in Großbritannien wieder.

Die Entstehung kann nicht ohne den politischen, kulturellen und ökonomischen Kontext von Großbritannien analysiert werden. Der Bruch des britischen Reiches und die Migration aus den Kolonien bedeutete das Ende einer homogenen Gemeinschaft aus der kulturellen Perspektive (Balaban, 2007c).

Es ist übertrieben zu sagen, dass die britischen Cultural Studies aus der kritischen Theorie entstanden, aber wir können nicht Gemeinsamkeiten übersehen, um so mehr da einige deutsche Autoren der Meinung sind, dass die deutsche Wissenschaft die Verbreitung der Theorie der kritischen Kulturstudien unter den Forschern in diesem Raum blockiert hat.

In der Einleitung zu den Medien spricht Mihai Coman über die hegemonische Theorie. Wo sich die Strömungen sich kreuzen, thematisieren die British Cultural Studies das Verhältnis zwischen Ideologie und Hegemonie, indem sie den Marxismus kritisieren und das Werk von Grimasci analysieren.

Kulturelle Studien versuchen die Dynamik der so genannten populären Kultur zu verstehen und zu beschreiben. Die kritische Theorie ist der Ansicht, dass diese eine Nicht-Kultur ist.

Kulturelle Studien sind Teil der sozio-humanen Wissenschaften und sind über die Kommunikationswissenschaften, die Philologie und die Geschichte repräsentiert. Die *British Cultural Studies* (BCS) brauchen eine kulturelle Analyse und beschäftigen sich mit der Forschung der heutigen Praktiken, wie Konflikte und soziale Kraft. Gemäß den BCS bildet sich das Publikum eine eigene Meinung, anders als die von den Medien suggerierte. Individuen übernehmen, debattieren und rekonstruieren die Bedeutung der vorgeschlagenen Mediennachrichten

Richard Hogarts *The Uses of Literacy* (1957), Raymond Williams *Culture and Society* (1958), *The Long Revolution* (1961), *Communications* (1962), *Television, Tehnology and Cultural Form* (1974) , und *The Making of the English Working Class* (1963) sind die ersten Werke, die als Basis dieser Strömung dienen, und deren Anfangsphase charakterisieren, in der die Definition der Kultur und ihre Differenzierung in der dominanten Kultur, sowie die Beschreibung der kulturellen Dimension der britischen Arbeiterklasse wichtig ist. Williams definiert Kultur und Kommunikation aufgrund neuer Grundlagen.

Bei der Analyse der kulturellen Kritik werden ästhetische und moralische Kriterien in ein entscheidendes Kriterium des Urteils umgewandelt und werden in einer veränderten Realität angewandt. (...) Kultur wird als lebendiger Prozess gesehen, in dem kulturelle Tradition mit Entstehung neuer Bedeutungen kombiniert wird, zu dem die kulturellen Eliten beitragen, aber auch normale Menschen (Dobrescu/Bârgăoanu/Corbu, 2007: 243).

Kommunikation wird nicht nur durch die gesendete Nachricht charakterisiert, sondern auch durch die Rezeption und Antwort. Man vertritt eine Theorie der Gemeinschaft. Williams ist kein Vertreter der Massenkommunikation, und weil er die Vielfalt des Publikums erkennt, versucht er das Konzept der Kulturellen Kommunikation einzuführen, was ihm aber nicht gelingt (Dobrescu/Bârgăoanu/Corbu, 2007).

1964 wird das *Center for Contemporary Cultural Studies,* (CCCS) in Birmingham gegründet. Der erste Leiter des Zentrums war Richard Hoggart. Die bekanntesten Autoren sind Stuart Hall, David Morlay und Ien Ang. 1969 wird Hall Direktor des CCCS und verursacht damit eine Verschiebung der Forschung von der Analyse der Beziehungen zwischen Ideologie und Medien auf Subkulturen. Die Strömung der Kulturellen Studien wurde schnell in den achtziger Jahren exportiert, zuerst in andere Forschungszentren und Universitäten in Großbritannien und dann in die USA und in andere europäische Länder. In diesem letzten Schritt wird in einer kreativen Weise die Verbraucherreaktion auf bestimmte kulturelle Produkte analysiert. Lawrence Grossberg ist derjenige, der in den USA die Werke von Hall präsentiert, während John Fiske von den Kulturellen Studien in seinen Werken beeinflusst wird, wo populäre Kultur und insbesondere die Prozesse des Nachrichtempfangs thematisiert werden.

Die Vertreter der *British Cultural Studies* führen Medienforschung mit hermeneutischen, semiotischen und ethnographischen Methoden durch. *Cultural Studies* ist mehr als nur ein neues Forschungsparadigma der Kultur und Medien, sondern ein Diskurs mit dem Ziel, komplexe und wichtige Teile des Lebens in einer Gesellschaft, die ohne Kommunikations-mittel schwer vorzustellen ist, zum Vorschein zu bringen (Balaban, 2007c).

Im Gegensatz zu klassischen Ansätzen der Wissenschaft im Bereich der Kommunikation, die dazu neigt, die Mediengesellschaft und Kultur zu trennen, sehen die British Cultural Studies die Medien als integrierter Bestandteil der Kultur und der modernen und postmodernen Gesellschaft. Die British Cultural Studies haben sich als eine echte Möglichkeit zur Analyse der Medien-Schnittstelle erwiesen. Das Objekt der Analyse sind besonders alltägliche Praktiken, Konflikte mit kultureller Natur und nicht zuletzt das Konzept der soziokulturellen Macht. Man kann sogar über die Kultur-Medien-Macht Trilogie sprechen. Die *Cultural Studies* betonen Subjektivität und haben politische und praktische Relevanz.

Die BCS sind eine Weise, die Politik zu theoretisieren und auch die Theorie zu politisieren.

Das bekannteste BCS-Modell ist Stuart Halls *Encoding/Decoding*-Modell, welches 1980 veröffentlicht wurde. Demnach kodieren die Medien Nachrichten und die Rezipienten dekodieren sie. Die Texte werden als polisemantisch betrachtet und das Publikum besteht aus Netzwerken von Gruppen und Subgruppen. Hall behauptet *Texts are made by their readers,* als er Interpretierungsarten definiert und bemerkt, dass die BCS eine semiotische Basis haben.

Das *Encoding/Decoding*-Modell hat als Ausgangspunkt das klassische Sender-Nachricht-Empfänger-Modell, aber der Schwerpunkt liegt auf der Botschaft und der Prozess ist nicht linear. Dieses Modell hat auch Gemeinsamkeiten mit dem Prozess der diskursiven Botschaft von Marx. Medienkommunikation ist ein Prozess.

Die Grenzen der Nachrichtproduktion sind von der Technik gegeben, von Produktions-beziehungen, vom legislativen Rahmen, von den Kenntnissen, die der Sender über sein Publikum hat und vom potenziellen Zielpublikum.

Die Grenzen der Dekodierung bestehen in den Kenntnissen des Rezipienten und dessen soziokultureller Zugehörigkeit. Darum ist die Bedeutung, die der Sender der Nachricht gegeben hat, nicht die gleiche wie die des Empfängers. Hier kommt es zum *Code.* Ein *Code* ist ein Set von Symbolen, durch welche die Nachricht präsentiert wird.

Dekodierung kann in drei Situationen passieren: **die favorisierende, die dominant hegemonische, die verhandelte und die entgegengesetzte** (Dobrescu/Bârgăoanu/Corbu, 2007). Im ersten Fall erfolgt die Dekodierung im konnotativen Rahmen.

Die erste Situation entsteht dann, wenn sich der professionelle *Code* und der dominante *Code* in einem strategischen Konsens befinden (Dobrescu/Bârgăoanu/Corbu, 2007: 262). Die zweite Möglichkeit benötigt die Akzeptanz beider Seiten. Die Legitimität der hegemonischen Definitionen geschieht mit Ausnahme ihrer Anwendung in dem Existenzumfeld des Publikums, in dem die Tendenz besteht, eigene Regeln zu schaffen (Dobrescu/Bârgăoanu/Corbu, *2007*: 262). Die dritte Situation besagt, dass der Empfänger den dominanten *Code* kennt, aber ablehnt

Während des Definierens der kulturellen Studien versucht Lawrence Grossberg die Aufmerksamkeit auf den Fehler zu lenken, diese als Methoden zu verstehen. Grossberg beschreibt die BCS aus der anthropologischen Perspektive mit Hilfe von fünf Charakteristiken als *a whole way of life* (Williams):

Radikale Kontextualität - kein kulturelles Produkt kann außerhalb seines Kontexts verstanden werden

Theoretischer Charakter – Die Wichtigkeit einer Theorie wird behauptet, aber auch eine Theorie kann außerhalb ihres Kontexts nicht verstanden werden.

Interventionalistischer Charakter - oder politischer Charakter. Diese Charakteristik geht von Halls Aussage aus, wonach die Theorie zur Änderung der Weltgeschichte führen sollte. Der Zweck der KS ist nicht, grundloses Wissen zu schaffen, sondern der Forschung zu helfen

Interdisziplinarität – Zentrales Objekt der Forschung ist die Kultur und diese kann nicht nur in einem einzigen Fach eingefasst werden

Selbstreflexion – in dem Prozess der Forschungsproduktion braucht man konstante Selbstreflexion (Hepp, 1998).

Mediennutzung wird in den BCS nicht als passives Sammeln von Informationen gesehen, sondern mehr als Aneignung von Informationen. Rezeption ist ein Prozess der Vermittlung zwischen Medieninhalt und täglichem Lebensinhalt des Nutzers (Hepp, 1999: 164).

6. Die Öffentlichkeit und die öffentliche Meinung

Die Öffentlichkeit und die öffentliche Meinung sind zwei Hauptbegriffe des medialen Diskurses und Hauptelemente der politischen Kommunikation. Für Jürgen Habermas ist der Begriff „Öffentlichkeit" ein Mittelpunkt für seine philosophische Herangehensweise (Marga, 2002: 297-312). Habermas versteht unter diesem Begriff den kommunikativen Bereich zwischen dem privaten Bereich der Staatsbürger und dem Staat. Dieser Bereich der öffentlichen Kommunikation zeichnet sich durch die Möglichkeit eines freien Zugangs der Bürger zu dieser Kommunikationsart. Der Grad des freien Zugangs zur öffentlichen Kommunikation ist einer der Barometer des Demokratisierungsgrades einer Gesellschaft. Der öffentliche Bereich ist keine Institution oder Organisation, sondern ein Produkt der Modernisierung. Die öffentliche Meinung wird, nach Habermas' Theorie durch kommunikative Aktivität wiedergegeben. Habermas beschreibt den öffentlichen Bereich in *Faktizität und Geltung. Beiträge zur Diskurstheorie des Rechts und des demokratischen Rechtsstaates* als ein *Netz, das für die Kommunikation der Inhalte und der Standpunkte, der Meinungen, benutzt wird; im Rahmen des Prozesses für die Bildung der öffentlichen Meinung sind die Kommunikationsströmungen so gefiltert, dass bestimmte thematische Konzentrationen entstehen* (Habermas, 1992: 436).

Friedhelm Neidhardt identifiziert drei Hauptfunktionen der öffentlichen Meinung (Neidhardt, 1994: 8): die Funktion der Sicherung der Transparenz, die Funktion der Validierung und der Orientierung. Neidhardt definiert auf Basis dieser Funktionen den öffentlichen Bereich als ein Kommunikationssystem, in dem die Meinungen gesammelt, analysiert und besprochen werden; anders gesagt, entwickelt und weitergeleitet werden. Die Funktion der Sicherung der Transparenz befindet sich im Kommunikationssystem, die öffentliche Meinung muss für die Gruppen, für die Themen oder für die relevanten Meinungen für die Gesellschaft offen sein. Der öffentliche Bereich ist ein Rahmen für die Debatte einiger kollektiver Themen und Ideen, die widerlegt, bestätigt und entwickelt werden, mit anderen Worten, validiert werden. Die öffentliche Meinung bildet Inhalte und thematische Ansätze, die vom Publikum verstanden werden und mit deren Hilfe sich das Publikum in einigen Bereichen der Gesellschaft orientiert.

Die öffentliche Meinung ist die persönliche Arena der Ausdrucksformen der Gesellschaft, ein Beziehungsnetz, ein Prozess und ein kultureller Raum, ein mediales Forum und ein Medien- und Kultursystem (Faustich, 2002). Die öffentliche Meinung steht nicht in Beziehung zu dem Platz, wo sich die implizierten Schauspieler oder das Publikum befinden, sondern die öffentliche Meinung steht heute in fester Verbindung mit den Medien. Medien sind nach der Definition der Massenmedien von Maletzke ein *öffentlicher Raum a priori* (Jäckel, 2008: 235). In der heutigen Gesellschaft ist der größte Teil der Kommunikation eine öffentliche. Sogar die Publizistik wird als öffentliche Kommunikation verstanden. Im Jahre 1922 machte Ferdinand Tönnies eine Differenzierung zwischen der geäußerten öffentlichen Meinung und der öffentlichen Meinung. Die öffentliche Meinung ist die Äußerung des Willens des Individuums, ein Akt der gesellschaftlichen Macht und nicht nur ein einfacher intellektueller Akt. Die Medien geben die öffentliche Meinung wieder und können in derselben Zeit einen Beitrag zu ihrer Struktur leisten.

6.1. Modelle des öffentlichen Bereichs/ der öffentlichen Meinung

Der Begriff *öffentlich* wird heute häufig verwendet. Der öffentliche Bereich ist das Gegenteil des privaten Bereichs; öffentlich ist alles, was nicht geheim ist. *Öffentlich* beschreibt die Bereiche für die öffentliche Nutzung, im Vergleich zum privaten Bereich, öffentlich sind die Institutionen des Staates. Ein weiterer Sinn des Begriffes *privat* ist der, welcher eine juridische Situation beschreibt, im Bezug auf das Eigentum (z.B. die privaten Fernsehsender).

Es gibt viele Kategorien von Modellen, die einigermaßen den Begriff des öffentlichen Bereichs bzw. der öffentlichen Meinung theoretisieren, unter welchen Folgende die wichtigsten sind: das Spiegelmodell, das Ergebnis der systemischen Theorie, das diskursive Modell, dessen Vertreter Habermas ist, und ein weniger bekanntes Modell, das kybernetische Modell des amerikanischen Politologen Amitai Etzioni.

In der Antike wurde die öffentliche Meinung durch die Diskurse auf den öffentlichen Märkten, im Senat und im Theater vertreten. In diesem historischen Kontext befinden sich die Anfänge der Idee der partizipativen Demokratie, obwohl manche Teile der Bevölkerung, wie zum Beispiel die Frauen oder die Sklaven, nicht die gleichen Rechte wie die anderen hatten. Die Meinungen werden meist in einer uni-dimensionalen Form präsentiert.

Das Modell, das als Basis den Begriff des Diskurses hat (im Sinne einer Denkströmung, die auf eine dialogische Weise entwickelt wurde, also nicht im Sinne des Speech), hat als Ausgangspunkt Habermas′ Arbeit *Strukturwandel der Öffentlichkeit* (1962). Der Strukturwandel bildet sich durch den Wandel des öffentlichen Bereichs im Sinne des literarischen Salons, typisch für das 18. Jh. in einer öffentlichen und Medienmeinung. Die Geschichte des öffentlichen Bereichs und der öffentlichen Meinung steht in fester Beziehung zur Entwicklung des Politischen und zur Geschichte der Massenmedien. Die ersten Vorlesungen, auf welche sich Habermas bezieht, sind die Reden im englischen Parlament des 17. Jh., deren Charakter nicht ein ganz öffentlicher ist, indem diese Reden nur von den Mitgliedern des Parlaments gehört wurden. Die Bürger freuten sich über das Recht, Petitionen zu senden, obwohl es oft Missbräuche gab. Der Zugang der ersten Journalisten zu den Debatten des Parlaments war ab dem Jahr 1772 möglich. Ab diesem Moment wird der öffentliche Bereich von der Presse erobert, die wichtigste Publikation in diesem Sinn ist die Zeitung *Times.*

Strukturwandel der Öffentlichkeit ist eine umfassende Analyse der *bürgerlichen Öffentlichkeit,* wie von Habermas bezeichnet, des öffentlichen bürgerlichen Bereiches und der Art, in welche sich dieses emanzipiert. In der modernen Zeit merkt man den Unterschied zwischen dem öffentlichen und dem privaten Bereich sogar in den Wohnungen der Bürger, *die Abgrenzung zwischen dem öffentlichen und privaten Bereich war mitten im Haus,* wenn wir Habermas paraphrasieren sollten, weil sich auf einer Seite die Wohnzimmer und die Schlafzimmer als privater Bereich befanden, und die Salons, die den öffentlichen Treffen dienten. Das, was die Teilnehmer im privaten Bereich gelesen haben, war jetzt Thema der öffentlichen Gespräche. Der öffentliche Bereich verwandelt die Personen in das Publikum.

Die Rolle der Treffen der Elitekreise der Intellektuellen in der Zeitspanne der Industrialisierung wird im 20. Jh. durch die Massenmedien ersetzt. Da findet eine klare Differenzierung zwischen dem privaten und dem öffentlichen Bereich statt. Das Publikum wird von einem Kulturschaffenden zu einem Kulturkonsumenten. Habermas thematisiert neben dem strukturellen Wandel den funktionalen Wandel. Die öffentliche Meinung, die durch die öffentlichen politischen Treffen der vergangenen Jahrhunderte geäußert wurde, wird durch die öffentliche Meinung, die sich im Rahmen der politischen Talk-Shows bildet, ersetzt. Die kritische öffentliche Meinung verliert etwas durch die Massenmedien. Die heutigen politischen Sendungen bilden nur eine *Illusion der öffentlichen* Meinung. Die politische Präsentation wird durch die Massenmedien geringer, indem die Unterhaltung eine Hauptrolle in den Fernsehprogrammen spielt. Habermas hat keine lobenden Worte in Bezug auf die mediale öffentliche Meinung und findet, dass die bürgerliche öffentliche Meinung mehrere Vorteile brachte. Die Meinungen, die durch den Fernseher verbreitet werden, sind nur die Meinungen einer begrenzten Zahl von Personen, während sich die Mehrheit zurückzieht, nicht mehr aktiv am politischen Leben teilnimmt und sich in den privaten Bereich zurückzieht. Obwohl die öffentliche Medienmeinung eine weite Zielgruppe hat, vertritt sie nur die Meinung einiger Institutionen oder Organismen und erfreut sich nicht so einer großen Resonanz wie die bürgerliche öffentliche Meinung.

Eine wichtige Rolle in der Bildung der öffentlichen Themen spielen manche wirtschaftliche Interessen, und der Staat wird definiert als politische Macht. Wenn im Jahre 1962 die Prognose des deutschen Philosophen, beeinflusst von der kritischen Theorie von Adorno und Horkheimer, in Bezug auf den öffentlichen Bereich eine düstere war, bringt er 1990 diesen Punkt wieder ins Gespräch und bietet der öffentlichen Meinung eine Chance in einem demokratischen System an. Die neue bearbeitete Version ist eine Antwort auf die Kritik, die sich auf Habermas′ idealisierte bürgerliche öffentliche Meinung bezieht. Laut des diskursiven Modells bildet sich die öffentliche Meinung einmal mit den verschiedenen Diskursmodellen. Die öffentliche Meinung ist eine sehr wichtige für die Artikulierung des politischen Lebens.

Habermas meint, dass jede Rede genaue Normen hat: im Allgemeinen sind die Teilnehmer in der gleichen Position, niemand kann wegen der sozialen Abstammung ausgeschlossen werden, jeder hat das gleiche Recht auf die Aufmerksamkeit des Publikums und jeder kann sich vor dem Publikum in gleichem Maße äußern. Jedes Thema kann zum Subjekt einer öffentlichen Debatte werden. Diese sind gleichzeitig ein paar Charakteristiken der bürgerlichen öffentlichen Meinung. Die öffentliche Meinung muss ein demokratisches Forum sein, in dem die Argumentationslogik funktioniert. Die öffentliche Meinung ist die Meinung der Mehrheit. Die Medien werden zu einem *System der Frühwarnung von Gefahren,* die sich auf die Demokratie beziehen. Das Diskursmodell bietet nicht die Möglichkeit einer großzügigen empirischen Operationalisierung, was einen wichtigen Kritikgrund darstellt (Beck, 2007: 100-103).

Das systematische Model definiert die öffentliche Meinung als ein Spiegelbild der Gesellschaft und es unterstreicht keine normativen Aspekte. Die öffentliche Meinung erlaubt eine eigene Beobachtung und eine eigene Beschreibung der Gesellschaft durch die öffentliche Präsentation einiger Themen. Die Transparenz ist die Hauptfunktion der öffentlichen

Spiegelmeinung. Die Validierungsfunktion spielt eine Hauptrolle vor allem für die Politiker, die Ideen im öffentlichen Bereich bestätigen und legitimieren und sie nur dann aktivieren, nachdem die Ideen in einen Dialog der Gesellschaft übermittelt werden. Nach dem Modell der öffentlichen Meinung als Spiegelbild der Gesellschaft ist die Rolle der Politiker eine

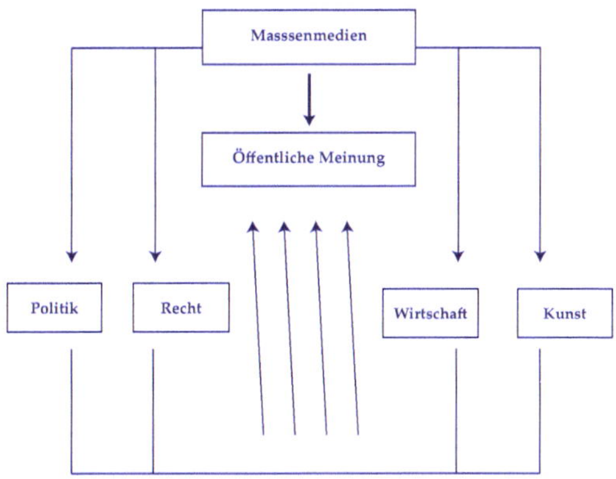

äußerst informative Rolle, indem diese erfahren können, welche die Probleme der Gesellschaft und die wichtigsten besprochenen Themen sind (Jarren/ Donges, 2002: 114). Der öffentliche Bereich ist *ein interner Bereich des Systems,* vertreten durch die Gesellschaft und er hat eine wichtige wirtschaftliche, politische, wissenschaftliche usw. Rolle (Luhmann, 1996). Das folgende Schema präsentiert diese Idee in einer syntethischen Weise:

Das Modell der öffentlichen Meinung, Luhmann, 1996: 184.

Wie jedes theoretische Modell, hat auch die Perspektive der öffentlichen Meinung als Spiegelbild der Gesellschaft ihre Grenzen. Der *Input* der öffentlichen Meinung wird akzentuiert und der Prozess, in dem die Meinungen durch einen Transformations-, Selektions- und Kristallisierungsprozess in die Gesellschaft übermittelt werden müssen, wird nicht erklärt. Diesem Modell nach sind die Massenmedien für die Bildung der öffentlichen Meinung nicht verantwortlich, sondern nur für den Fakt, dass sie diese vertreten; zum Beispiel die politische Nachrichten bzw. die Nachrichten über Parteien werden mit viel Aufmerksamkeit vom wirtschaftlichen Bereich bemerkt. Gerhards und Neidhardt fügen die Aussage hinzu, die öffentliche Meinung sein eine Schnittstelle zwischen dem politischen Bereich und der Gesellschaft. Der öffentliche Bereich ist ein zwischenliegendes Kommunikationssystem, in dem sich die öffentliche Meinung bildet. Die zwei deutschen Wissenschaftler unterstreichen die Rolle des sozialen Schauspielers für die öffentliche Meinung. (Beck, 2007: 104).

Für Amitai Etzioni ist die öffentliche Meinung ein kybernetischer Prozess. In der *Input*-Phase ist die öffentliche Meinung verantwortlich für die Transparenz, die Interessen und für die Themen und Meinungen, die eine kollektive Relevanz haben, für Habermas sollte in der Idealvorstellung kein einziges Thema aus der politischen Debatte rausgeworfen werden. In der *Throughput*- Phase werden alle Themen und Meinungen validiert, ohne dass man sie bewertet. In der *Output*- Phase bekommt man einen rationalen Konsens, die am besten argumentierten Meinungen sind die, die sich in der Form der öffentlichen Meinung kristallisieren; in dieser Phase hat die öffentliche Meinung eine Orientierungsfunktion, besonders für das politischen System (Beck, 2007: 104).

Phase	**Funktion**	**Das diskursive Modell**	**Das Spiegelmodell**
Input	Transparenz	+	+
Throughput	Validierung	+	(-)
Output	Orientierung	+	-

Die Phasen der öffentlichen Meinung (Beck, 2007: 105).

6.2. Die Niveaus des öffentlichen Bereichs

In der Fachliteratur werden drei verschiedene Niveaus des öffentlichen Bereiches erwähnt, die oft unter verschiedenen Bezeichnungen auftreten. Die drei Ebenen der öffentlichen Meinung nach einigen Autoren: das *encounter* Niveau, das Niveau der Themen oder der Sitzungen und das Niveau der Medien. Beim Übergang von einem Niveau zum anderen findet ein Auswahlprozess statt. (Jarren/ Donges: 2002, 119).

Das Encounter-Niveau (Verb *sich treffen* in englischer Sprache) bezieht sich auf die spontanen Kommunikationsprozesse, die auf der Straße zwischen verschiedenen Mitgliedern von Institutionen oder von Unternehmern stattfinden. Der Kommunikationsprozess wird auf diesem Niveau nicht differenziert, jeder Teilnehmer kann gleichzeitig auch Sender, auch Empfänger sein, ein Mittler ist nicht nötig. Das Encounter-Niveau ist zeitlich, räumlich und sozial begrenzt und ist durch die Symmetrie der Kommunikationsprozesse charakterisiert.

Das Niveau der Themen und der Sitzungen ist das Niveau des öffentlichen Bereichs, ein Bereich, in dem die kommunikative Interaktion thematisch zentriert ist und sich in der Form von Demonstrationen oder von spontanen oder geplanten Treffen darstellt. Der Unterschied zwischen dem Sender und dem Publikum ist hier klarer. Dieses Niveau hat einen höheren Stabilitätsgrad im Vergleich zu dem *Encounter-Niveau.* Die Kommunikation ist eine asymmetrische und auf dieser Ebene werden schon einige Rollen definiert.

Das Niveau des öffentlichen Medienbereichs ist das Niveau mit dem höchsten Differenzierungsgrad der Rollen. Die Medieninstitutionen wirken als Sender, indem sie der Öffentlichkeit Inhalte vermitteln. Das Publikum, an welches sich die öffentliche mediatisierte Meinung wendet, ist theoretisch die ganze Gesellschaft. Man achtet hier natürlich auch auf die Zielgruppe und auf das Spezifische des Medienangebotes. Im Rahmen der Auswahlprozesse von einem Niveau zu einem anderen Niveau des öffentlichen Bereiches spielen die öffentlichen Beziehungen eine wichtige Rolle. Durch die Implementierung der Instrumente der öffentlichen Beziehungen kann ein Thema oder eine Idee des Ecounter-Niveaus auf dem Niveau einer Debatte oder einer Sitzung klarer werden/kristallisiert werden. Zum Beispiel, ein Standpunkt einer NGO kann sich leichter in einer lokalen oder nationalen Publikation wieder finden, wenn diese durch eine passende Kampagne unterstützt wird.

Werner Faulstich klassifiziert den öffentlichen Bereich im Zusammenhang mit drei quantitativen Kriterien:

- **der persönliche Bereich** ist das erste Niveau des öffentlichen Bereiches, wenn man damit rechnet, das dazu die Familie und die engen Freunde gehören. (wenn wir uns auf die öffentlichen Personen beziehen, merkt man, dass die Grenze zwischen den öffentlichen und privaten eine sehr sensible ist)
- **der öffentliche situative Bereich** bezieht sich auf manche nicht geplante Situationen und überschneidet sich mit dem Encounter-Niveau,
- **der öffentliche professionelle Bereich** ist der Interaktionsbereich in der Arbeitsstelle

- **der öffentliche Bereich der institutionalisierten Gruppen** ist der kulturelle Bereich mancher Organisationen, wie zum Beispiel der Kirche, der politischen Parteien usw.,
- **der öffentliche Bereich der Freizeit** projektiert sich auf das Niveau des Konsumenten der kulturellen Angebote (Theater, Film usw.) oder der Sportangebote (die Fans verschiedener Sportarten, wie zum Beispiel Fußball),
- **der öffentliche Medienbereich** wird durch die Medien vertreten,
- **der kulturelle öffentliche Bereich** bezieht sich auf nationale oder regionale Kulturräume, wie zum Beispiel: Rumänen, Moldauer, Siebenbürger usw.,
- **der globale öffentliche Bereich,** vertreten durch die globalen Kommunikationsnetze (Faulstich, 2002: 219-220).

6.3.Wichtige Schauspieler

Der öffentliche Bereich ist ein Raum der Kommunikation, in dem verschiedene Schauspieler verschiedene Rollen spielen. Wenn eine Person sowohl Empfänger als auch Sender sein kann, bleibt das Publikum ein konstanter Empfänger. Wir unterscheiden drei große Kategorien von wichtigen Rollen für die Kristallisierung der öffentlichen Meinung: die Rolle des Wortführers (man versteht dies unter einem weiteren Sinn), die Rolle des Kommunikationsvermittlers und die Rolle des Publikums. Die Wortführer können Vertreter von Gruppen oder Organisationen sein, Rechtsanwälte, die keine politische Macht haben, die aber im Namen verschiedener Gruppen oder Organisationen reden, Fachleute im technisch-wissenschaftlichen Bereich, Intellektuelle, die ihre Meinung aus einem moral-ethischen Standpunkt heraus äußern, und nicht zuletzt die Journalisten, die sich im Hinblick auf ein Thema oder auf ein Ereignis äußern (Jarren/ Donges: 2002, 122-123).

Die Vermittler sind die Journalisten und im Allgemeinen die redaktionellen Mannschaften. Das Publikum wird zum Empfänger der Kommunikation, ein heterogenes Publikum mit einem niedrigen Organisierungsgrad. Zum Publikum gehören Individuen, die keine zusätzlichen Kenntnisse im dem Bereich haben, in welchem manche Meinungen geäußert werden, und deren Zahl höher ist, je weiter das Publikum reicht.

Der öffentliche Medienbereich kann folgendermaßen eingeteilt werden:

- Der öffentliche Medienbereich, der durch Tageszeitungen, Nachrichten und durch politische Sendungen, die eine hohe Auflage haben, vertreten wird,
- Der öffentliche kritische Medienbereich sind die Publikationen, die immer einen kritischen Standpunkt gegenüber den Offiziellen haben,
- Der öffentliche erweiterte Medienbereich sind die Tabloids, die ein sehr hohe Auflage haben,
- Der lokale/ regionale öffentliche Bereich wird durch die lokalen Zeitungen und durch die lokalen Informationssendungen vertreten (Faulstich, 2002: 223).

6.4.Typologien

Ralf Dahrendorf (1993: 42-51) unterscheidet drei verschiedene öffentliche Meinungstypen, die sich auf die letzten Niveaus der öffentlichen Meinung beziehen, denn auf dem Encounter-Niveau kann jedes Mitglied der Gesellschaft teilnehmen. Er unterscheidet die latente öffentliche Meinung, die passive öffentliche Meinung und die aktive öffentliche Meinung. Unter der latenten öffentlichen Meinung versteht man die Gruppe von Personen, die aus verschiedenen Gründen an der öffentlichen Debatte nicht teilnehmen. Die passive öffentliche Meinung wird durch die Wähler vertreten, die sporadisch an Wahlen teilnehmen und die Mitglieder verschiedener NGO-s oder verschiedener Parteien sein können, aber nicht aktiv an den Aktivitäten der Organisation oder der Partei teilnehmen. Die aktive öffentliche Meinung wird von den Personen vertreten, die aktiv am Kommunikationsprozess teilnehmen, die politische Entscheidungen treffen und politische Gespräche halten usw. Die aktive öffentliche Meinung wird von 10% der Wähler repräsentiert. Obwohl Dahrendorf die demokratische Utopie vorstellt, die eine aktive Teilnahme der Wähler am politischen Kommunikationsprozess vorsieht, ist er der Meinung, dass mehr als 10% der öffentlichen aktiven Meinung nicht nötig sind. Im gegensätzlichen Fall würde das ein Zeichen für eine Revolution oder für einen Aufstand sein.

Nach Dahrendorf wird jede Gesellschaft in zwei Teile geteilt: die, die an der Macht sind und die Mehrheit, die nicht an der Macht ist; manche verfügen über die entscheidende Information, die meisten haben keinen Zugang zu dieser Information. In die erste aktive Kategorie gehören Minister, Abgeordnete, Leiter der politischen Parteien, der Gewerkschaften und der professionellen Organisationen. Zu der zweiten Kategorie, die durch eine passive Öffnung charakterisiert wird, gehören die, die in den Entscheidungsprozess nur durch die Wahl einbezogen sind. Dahrendorf meint, zu der zweiten Kategorie gehören 90 bis 99% der Bevölkerung. Wichtig für die Demokratie ist, dass jede Seite wissen muss, was die andere macht (*how the other half lives*). In diesem Punkt erscheint die wichtige Bedeutung der Medien in dem Informationsvermittlungsprozess und in dem Informationsaustausch zwischen den beiden Publikumsseiten (aktive und passive) (van Cuilenburg, 1998: 281).

Die öffentliche Meinung kann nach dem Prinzip der Aggregierung als die Summe verschiedener Meinungen der Mitglieder einer Gesellschaft verstanden werden (im Rahmen des systemischen Paradigma), die sich in Studien, wie Barometerstudien der öffentlichen Meinung, äußern. Die öffentliche Meinung kann die Meinung der Mehrheit sein. Die öffentliche Meinung kann durch ein Gespräch, durch den Konsens oder durch das Prinzip der Projektion gebildet werden, zum Beispiel in dem Fall, in dem mehrere politische Persönlichkeiten ein Gespräch auf Basis von fiktiven Einstellungen führen, die so präsentiert werden, als würden diese das Prinzip der legitimierten öffentlichen Meinung haben. Eine eigene Meinung kann zu einer öffentlichen durch die Massenmedien werden, durch die Eliten oder durch die demoskopischen Barometerstudien der öffentlichen Meinung (als Meinung der Mehrheit), (Jarren/ Donges, 2002: 125-126).

Die öffentliche Meinung, zu der sich John Locke, David Hume und Jean Jacques Rousseau anders äußern im Vergleich zu dem, was wir heute lesen, hat nach Elisabeth Noelle-Neumann immer einen irrationalen Teil, einen moralischen Teil und einen ästhetischen Teil. Die öffentliche Meinung hat eine integrative Funktion und eine Kontrollfunktion der Gesellschaft. Kann die öffentliche Meinung jeder Art von Problemen besprechen? Niklas Luhman meint, die Aufmerksamkeit als Ressource ist begrenzt, der Raum und die Medienzeit haben nicht die nötige Kapazität, alle besprochenen Probleme zu präsentieren. (Avenarius, 2000).

6.5. Der öffentliche Bereich, die öffentliche Meinung und die New Media

Die zeitgenössischen Autoren sprechen von einer neuen Form der öffentlichen Meinung – die digitale öffentliche Meinung. New Media gibt dem Publikum die Möglichkeit, vom Empfänger zum Sender, Kommunikator zu werden. Das Syntagma, das dieses Medienverhalten beschreibt, lautet: *consumer (user) generated content.* Die Rolle der Blogs für die politische Kommunikation ist eine bedeutende, ein Fakt, der während der Wahlkampagnen in den letzten Jahren in den USA bewiesen wurde. Die Informationen, die durch das Internet verbreitet werden, müssen nicht durch den Gatekeeper filtriert werden, so wie es mit den Informationen in den Nachrichten der klassischen Medien passiert. Das Internet ermöglicht eine *one to one - Kommunikation,* durch die E-mails, eine *one to many - Kommunikation,* typisch für die klassischen Medien und die erste Entwicklungsphase des Internets und nicht zuletzt eine *many to many - Kommunikation,* typisch für das *web 2.0.* Die Aktualität und die Geschwindigkeit des informativen Stroms bekommt eine neue Dimension, die Information wird in jeder Weltregion theoretisch verfügbar und die technischen Mittel ermöglichen eine Live-Übertragung.

Die video-sharing-Seiten wie *Youtube* sind Teil des Kristallisierungsprozesses der neuen öffentlichen Meinungstypen. Das Publikum wird zu einem eigenen Medienproduzenten, die Fernsehsender stellen Videos der Zuschauer auf ihre Seiten, die die Möglichkeit hatten, Ereignisse live zu erleben. Die New Media werden zur Bühne, auf der eine Vielfalt von Meinungen präsentiert wird, auf der theoretisch jeder zum Journalist werden kann. Die öffentliche Meinung, die durch die neuen Medien kristallisiert wird, kann eine Kehrseite des Apolitisierungs-Prozesses werden, ein Prozess, der nach Habermas Meinung von den Fernsehsendern unter den Bürgern erzeugt wurde. Die Kommunikationsprozesse werden intensiviert, manche Ratinggruppen werden besser strukturiert dank der neuen Möglichkeiten. Obwohl das Internet einen verbesserten Zugang zur Information bietet, wird der Zugang zum Internet von der materiellen Situation und vom geringen technischen Wissen begrenzt. Manche sozialen Gruppen haben nicht dieselben Möglichkeiten wie die anderen (die älteren Personen, die Bevölkerung in Afrika und Asien).

Obwohl das Informationsangebot in den letzen Jahren deutlich gewachsen ist, bleibt dieses ein nicht systematisiertes, viele der Seiten werden sehr selten aufgerufen und manche werden nicht rechtzeitig aktualisiert. Das wird zu einem Problem für die Transparenz- und Orientierungsfunktion, die von der öffentlichen Meinung im klassischen Sinn für die Gesellschaft übernommen wird (Beck: 2007, 109). Ein anderes Problem ist die Glaubwürdigkeit. Viele Informationen sind falsch; obwohl es sehr viele informative Seiten gibt, bleiben die Seiten der klassischen Medien ein Beispiel des wahren klassischen Journalismus, dessen Information durch mehrere Quellen verifiziert werden kann. Das Internet präsentiert auch ein Problem der Identität, online kann jeder werden, wie er gerne sein würde. Das positive daran ist aber, das online die sozialen und wirtschaftlichen Grenzen überwunden werden können. Die Macht wird im Vergleich zum realen Leben durch andere Regeln definiert. Das Internet relativiert aber den Übergang zwischen dem öffentlichen und privaten Bereich, denn technisch ist es möglich, viele persönliche Daten online zu stellen. Jede Person hat Zugang zum Internet und hat Nutzerkenntnisse, die zur Kristallisierung der öffentlichen Meinung beitragen. Klaus Beck sieht aber den öffentlich-digitalen Bereich als einen Teil des Kommunikationsnetzes, das der öffentliche Bereich bildet, und nicht als eine neue Form (Beck, 2007: 110).

6.6.Die Theorie der Schweigespirale

1973 veröffentlicht die deutsche Wissenschaftlerin Elisabeth Noelle-Neumann den Band *Return to the Concept of Powerful Mass Media*, durch welchen die Theorie der Schweigespirale bekannt gemacht wird und wodurch sich diese in der Tradition der empirischen Forschungen und der politischen Kommunikation während der Wahlkampagnen positioniert hat, die von Paul Lazarsfeld, dem Vater der Erforschung der Medienkommunikationseffekte, in den fünfziger Jahren erstmals untersucht wurden. Noelle-Neumann bezieht sich auf die Wahlkampagnen in Deutschland in der Zeitspanne von 1965 bis 1972. Der Wahlerfolg der Sozialdemokratischen Partei und der Liberalen bei den Wahlen für den Deutschen Bundestag im Jahre 1976 steht unter dem Effekt der Schweigespirale. 79% der Journalisten (hundert Journalisten wurden befragt) waren der Meinung, die beiden Parteien würden einen Wahlsieg erreichen, wobei nur 50% der Bevölkerung diese Meinung teilte. Die Journalisten haben die öffentliche Meinung durch das Fernsehen beeinflusst. Die Wissenschaftlerin bemerkt die Dynamik der Meinung der Mehrheit und der Minderheit. Es handelt sich hier nicht um den Bandwagon-Effekt, der von Lazarsfeld nach einer

Studie in Erie County bemerkt wurde, wo die Individuen die Partei wählen, die die größeren Chancen hat, aus rationalen Gründen, auf der Seite des Siegers zu sein. Die Mehrheitsmeinung setzt sich mit Hilfe des Phänomens, das von Noelle-Neumann als Schweigespirale genannt wurde, durch.

Die Haupthypothesen der Argumentation sind:

- die Gesellschaft bedroht die Individuen mit der Isolierung, falls diese ein abweichendes Verhalten haben,
- die Individuen leben mit einer permanenten Angst vor der Isolierung,
- die Angst, isoliert zu werden führt zu einer permanenten Bewertung des Meinungsklimas (die Individuen haben die quasi-statische Kraft, das Meinungsklima zu evaluieren),
- das Ergebnis des Evaluierungsprozesses bestimmt das öffentliche Verhalten, besonders die Äußerung der eigenen Meinung oder das Schweigen; wer nicht kommuniziert, hat keine öffentliche Resonanz (McQuail/ Windhal, 2004: 95-96).

Die Individuen möchten im sozialen Bereich nicht isoliert werden. Daraus ergibt sich ein Konformismus der Gruppen in bestimmten Situationen, das Individuum übernimmt die Meinung der Gruppe um nicht isoliert zu werden. Die eigene Meinung wird deswegen nicht mehr geäußert, obwohl die Meinung der Mehrheit eine ungünstige ist. Aus einer anderen Sicht trauen sich die Individuen ihre Meinung zu äußern, nur falls diese die Meinung der Mehrheit teilen. Dadurch entsteht eine dynamische Entwicklung, der prozentuale Anteil der Meinung der Mehrheit erhöht sich zum Nachteil der Meinungsanhänger, und es bildet sich eine Spirale des Schweigens. Das Individuum verfügt über zwei Quellen: die direkte Einschätzung des Meinungsklimas in einem sozialen Kontext, und die indirekte Einschätzung durch den Inhalt der Medien (inklusive der politischen Publikationen). In diesem Kontext erscheint der Begriff Medientenor, unter welchem man die Meinung, die durch die Medien geäußert wird, versteht. Noelle-Neumann bezeichnet das als Klima der doppelten Meinung. Der Medieneffekt ist ein starker, wenn die Inhalte stark mediatisiert werden, wenn die Vielfalt fehlt und wenn die selektive Nutzung nicht mehr möglich ist, meistens im Fall des Fernsehens. Die Wiederholung der Meldung verstärkt den Medieneffekt. Es gibt vier mögliche Situationen:

- wenn die Meinungen, die durch den Medien geäußert werden und die Meinungen der Bevölkerung konstant sind, gibt es keinen Impuls für das Phänomen der Schweigespirale,

- wenn die öffentliche Meinung, die durch die Medien geäußert wird, eine einheitliche und konstante ist, und wenn es in der Bevölkerung verschiedene Meinungen gibt, gibt es die Möglichkeit der Entwicklung der Spiral-Effekte. Die Individuen, die die Meinung der Medien unterstützen, werden sich öffentlich äußern,
- wenn die Medien verschiedene Meinungen äußern, und die Mehrheit eine andere Meinung unterstützt, dann werden die Medien von der Meinung der Bevölkerung beeinflusst,
- wenn sowohl die Medien, als auch die Bevölkerung verschiedene Meinungen äußern, kann sich wieder das Phänomen der Schweigespirale, in einem Klima der Vielfalt der Meinungen, entwickeln. (Jäckel, 2008 : 258-259).

Die Theorie von Noelle-Neumann wurde in Deutschland sehr kritisch analysiert. Die Theorie erklärt die Entstehung des Progresses und die Art, in der die Meinungen der so genannten Avantgarde geäußert werden, nicht, wozu man in Betracht ziehen muss, dass sich diese traditionell im Gegensatz zur Meinung der Mehrheit befinden, dazu haben alle Personen eine eigene Meinung. Die Hauptidee von Noelle-Neumann, die Angst der Menschen vor der Isolierung, wird von den Studien über die psychographische Segmentierung der Bevölkerung in Frage gestellt. Zum Beispiel sind 3,5% der deutschen Bevölkerung Konformisten. Die aktuellen Forschungen haben bewiesen, dass das kommunikationale Verhalten nicht vom Meinungsklima abhängig ist, sondern von Faktoren wie z.B. den politischen Interessen, dem Medienverhalten, der Bedeutung des Themas (involvement) und der so genannten self-efficacy, die Art in welcher die Individuen die kommunikationale Effizienz bewerten. Je mehr sich ein Individuum mit einer Meinung, die es emotional impliziert äußert, identifiziert, desto geringer ist die Möglichkeit, dass dieses eine entgegengesetzte Meinung hat. Noelle-Neumann überdimensioniert die Macht des Fernsehens, die Untersuchung der Wahlkampagne von 1976 wird nicht vom Inhalt her analysiert (außer des Fernsehens), sondern sie begrenzt sich auf den Vergleich der Daten der Absicht der Wähler und der Ergebnisse der Wahlkampagne, bzw. auf die Meinungen der Journalisten durch eine repräsentative Zahl von Fragebögen. (Bonfadelli, 2004: 159-160).

7. Die Medienzukunft – die Zukunft der Medienforschung

Der Intendant eines öffentlich-rechtlichen Fernsehsenders behauptete in einem wöchentlichen Interview in der *Zeit*, jede Diskussion über die Zukunft des Fernsehens reduziert sich auf eine Diskussion über die Zukunft des Internets. Ein bekannter deutscher Schauspieler behauptet, dass die junge Generation vollkommen neue Erwartungen an die Medien hat. Nicht nur der Medieninhalt ist wichtig, sondern die Verbreitung spielt eine Hauptrolle. Die Veröffentlichung einer großen Zahl von Prognosen über die Zukunft der Medien, und besonders über die Zukunft des Fernsehens, ist für die Mediensoziologen ein Indikator für den Fakt, dass wir uns in einem Wendepunkt der Medienentwicklung befinden.

Die Veränderungen der nationalen und internationalen Medienlandschaft, die Diversifizierung der Verbreitungskanäle und die Intensivierung der Medienanwesenheit im öffentlichen und privaten Bereich (an den Verkaufspunkten, in Bahnhöfen, auf Flughäfen), die Veränderung des Verhaltens der Mediennutzer, die Tendenz der Personalisierung in den Medien, setzten neue Analysestrategien der Medieneffekte durch. Die Wissenschaftler sind der Meinung, dass das lineare Denken Sender-Empfänger überwunden werden muss, indem die Zukunft den vieldimensionalen Modellen gehört, Modelle, die mit mehreren Elementen rechnen, die im Kommunikationsprozess wirken. Der Medienbereich wird durch Expansion charakterisiert, es werden immer mehr Ereignisse organisiert und die Rezeption wird sporadisch und mangelnd an Konzentration. (Jäckel, 2008: 308-309).

Die Medien sind allgegenwärtig, wenigstens im Leben eines Einwohners einer Stadt in einem wirtschaftlich entwickelten Land: aus einer räumlichen Sicht werden neue Orte genutzt; zeitlich gibt es eine immer höhere Flexibilität; was die Inhalte betrifft, werden immer mehr Themen identifiziert, die meistens keine Relevanz haben; und aus einem sozialen Standpunkt, wird das Profil der Mediennutzer von verschiedenen Variabeln beeinflusst (Alter, Einkommen usw.) und dadurch werden Differenzierungen gemacht; der *digital divide*, eine Differenzierung, die auch dann analysiert wurde, als man über die Verschiebungstheorie der Information gesprochen hat. Meyrowitz bemerkt eine parallele Entwicklung der Interessen der Rezipienten für internationale Themen, wie auch für die nationalen, aber auch für die individuellen, spezifischen. (Meyrowitz, 1998: 187).

In seiner synthetischen Arbeit über die Medieneffekte möchte Heinz Bonfadelli eine Synthese der Medienkommunikation leisten, im Hinblick auf den Einfluss der folgenden Elemente: Kommunikator, Medientypologie, Nachricht und Empfänger. Der Kommunikator differenziert sich durch: Glaubwürdigkeit, Popularität (Sympathie und die Nähe der Empfänger), Kraft und durch den wahrgenommenen Persuasionseffekt. Die soziale Nähe zwischen dem Kommunikator und dem Publikum, die Attraktivität des Kommunikators, der Ruf, die Glaubwürdigkeit, das Ansehen und die Kompetenz beeinflussen die Empfänger, den Kommunikator so zu betrachten, als würde dieser keine Manipulierungstendenz haben, und dessen Ideen zu akzeptieren. Es werden hier der *Band-Wagon-Effekt* (man akzeptiert die Meinung der Mehrheit) und der *Sleeper-Effekt* (die Effekte der Quellen über die Glaubwürdigkeit einer Meldung ändert sich mit der Zeit) erwähnt.

Der Kommunikationskanal nimmt auf eine komplexe Weise Einfluss. Die Medien haben die Qualität, den Personen oder den Organisationen einen gewissen Status zu verleihen (Hallo-Effekt), einige Medien (Fernsehen, Radio) haben starke emotionale Effekte auf das Publikum, durch die Art in der die Beziehung Text – Bild gebaut ist, durch die Struktur der Montage, die die Wahrnehmung einer audio-visuellen Meldung beeinflussen kann.

Die Nachricht beeinflusst die Empfänger durch: den Stil, sie kann kognitive Dissonanzen bilden, wenn diese der Ideen des Publikums nicht abgleichen, je näher die Meldungen der Medien den Normen oder den Ideen des Zielpublikums sind, desto höher ist der Druck des Konformismus, die neuen Inhalte werden leichter akzeptiert und die vorgefassten Meinungen verschwinden. Die propagandistischen Meinungen werden mehr von dem Teil des Publikums akzeptiert, der ein mittleres oder niedriges Bildungsniveau hat. Diese Kategorie des Publikums wird von unilateralen Vorstellungen beeinflusst. Eine komplexe Argumentation in den Medien hat Effekte über ein Publikum mit einem hohen Bildungsniveau.

Manche Charakteristiken des Publikums bilden verschiedene Effekte. Das Publikum selektiert die Medienmeldungen nach der eigenen Veranlagung, sogar die falschen Interpretationen der Medieninhalte werden in Richtung der eigenen Veranlagungen geleistet. Wenn sich die Einstellung des Publikums auf Bedürfnisse und auf tiefe Werte bezieht, dann ist es schwieriger, sie durch die Massenmedien zu modifizieren. Wenn das Interesse des Publikums für ein Thema niedrig ist und wenn dieses Thema in den Medien für die Empfänger partikulär unwichtig ist, können diese leichter beeinflusst werden. In diesem Kontext wird der Effekt der dritten Person erwähnt (die Empfänger evaluieren den Einfluss der Medien auf die anderen stärker, als auf die eigene Person) und der Effekt des Band-Wagon, der vorher erwähnt wurde (Bonfadelli, 2004: 283-290).

8. Die öffentliche Kommunikation

Im Lauf der Geschichte war die öffentliche Kommunikation in einem ständigen Differenzierungsprozess. In der gegenwärtigen Gesellschaft finden wir die öffentliche Kommunikation in drei Formen: Journalismus, Öffentlichkeitsarbeit (PR) und Werbung. Der Journalismus dient der Wahrheit, präsentiert die Informationen in der Gesellschaft, spielt eine Hauptrolle in dem Kristallisierungsprozess der öffentlichen Meinung, die Journalisten dienen der Gesellschaft. Diese spielen die Rolle des Mediators und des Kommunikationsgenerators. Im Vergleich zum Journalismus dient die Öffentlichkeitsarbeit den partikulären Interessen der Organisationen, für welchen sie arbeitet. Das Ziel der Öffentlichkeitsarbeit ist die Platzierung der Themen in der öffentlichen Debatte, die Schaffung eines positiven Images der Organisation. Die Funktionen, die die Öffentlichkeitsarbeit in der Gesellschaft erfüllt, sollte nicht minimalisiert werden. Sie ist eine wichtige Quelle für die journalistischen Informationen und ein Beitrag zur Lösung einiger Konflikte in der Gesellschaft.

Die Werbung fördert individuelle Produkte, die Werbekommunikation ist stärker segmentiert im Vergleich zu den Kommunikationstätigkeiten im Spektrum der Öffentlichkeitsarbeit. Die Werbung trägt zur Entwicklung der Medien bei, indem diese deren Hauptfinanzierungsquelle ist, und ist auch der Motor der Entwicklung des Mediensystems. (Beck, 2007: 145).

Der Journalismus wie auch die Werbung und die Öffentlichkeitsarbeit (PR) stehen in fester Verbindung mit der Medienkommunikation und können schwer definiert oder analysiert werden.

Literaturliste:

Assager, Roland/ Wenniger, Gerd (1994), *Handwörterbuch der Psychologie,* Weinheim.

Avenarius, Host (2000), *Public Relations. Die Grundform der gesellschaftlicher Kommunikation,* Primus Verlag.

Balaban, Delia Cristina (2003), *Perspective asupra televiziunii în România,* Presa Universitară Clujeană.

Balaban, Delia Cristina (2005), *Comunicare publicitară,* Accent, Cluj-Napoca.

Balaban, Delia Cristina (2006), *Informationsvermittlung und öffentliche Meinungsbildung im rumänischen Fernsehen,* Mittweida Hochschulverlag.

Balaban, Delia Cristina (2007a), *Comportamentul de consum media al romanilor in context european,* in Revista Romana de Jurnalism si Comunicare, nr.1/2007, p. 28-31.

Balaban, Delia Cristina (2007b), *Şcoala de la Toronto. Marshall McLuhan, Derrick de Kerckhove şi determinismul tehnologic,* în *Revista Transilvană de Ştiinţele Comunicării,* nr. 5/2007, p.3-7.

Balaban, Delia Cristina (2008a), *Einzelne Medienthepretiker. Werk und wichtige Ideen,* în *Studia Ephemerides,* nr.1/2008, p.3-7.

Balaban, Delia Cristina (2008b), *Medientheorien. Ein Überblick,* în *Revista de Studii Media,* nr.1/2008, p. 7-13.

Balaban, Delia Cristina (2008c), *The Framing or the Interpretation Frames Theory,* în *Journal of Media Reserach,* nr.2/2008, p. 9-13.

Balaban, Delia Cristina (2009), *Comunicare mediatică,* Tritonic, Bucureşti.

Beck, Klaus (2007), *Kommunikationswissenschaft,* UVK Verlagsgesellschaft, Konstanz.

Bell, Daniel (1976), *Die nachindustrielle Gesellschaft,* ediţia a 2-a, Frankfurt/New York.

Bonfadelli, Heinz (2004), *Medienwirkungsforschung I. Grundlagen und theoretische Perspektiven,* UVK, Konstanz.

Bongrad, Joachim (2003), *Werbewirkungsforschung. Grundlagen-Probleme-Ansätze*, Bd.7, Lit.

Castells, Manuel (2000), *The Rise of the Netwok Society. The Information Age: Economy, Society and Culture,* vol. I, ediţia a 2-a revizuită şi adăugită, Cambridge M.A., Oxford, U.K.

Coman, Mihai (1998): *Introducere in sistemul mass-media,* Polirom.

Dahrendorf, Ralf (1993), *Aktive und passive Öffentlichkeit. Über Teilnahme und Initiative im politischen Prozess moderner Gesellschaften,* în Wolfgang Langenbucher (coordonator), Politische Kommunikation, Grundlagen, Strukturen, Prozesse, Viena, p. 42-51.

Dayan, Daniel/Katz, Elihu (1996): *Media Events. The Live Broadcasting of History,* Cambridge.

Eco, Umberto (1985): Über Gott und die Welt. Essays und Glossen (trad. din limba italiană), ed. a 3-a, München, Wien.

Eichhorn, Wolfgan (1995), *Agenda_setting-Prozesse. Eine theoretische Analyse individueller und gesellschaftlicher Themenstrukturierung,* München.

Eliade, Mircea (2005), *Sacrul şi profanul,* Editura Humanitas, Bucureşti, ediţia a 3-a.

Entman, Robert M. (1993), Fraiming*: Toward clarification of a fractured paradigm,* în *Journal of Communication,* nr. 43, nr. 4, p. 51-58.

Entman, Robert M, (2007), *Framing Bias: Media in the Distribution of Power,* în *Journal of Communication,* nr. 57, p. 163-173.

Enzensberger, Hans Magnus (1970), *Bauchasten zu einer Theorie der Medien,* în *Kursbuch* 20, 5. Jahrgang, p. 159-186.

Faulstich, Werner (2002): *Einführung in die Medienwissenschaft. Probleme –Methoden – Domänen,* Wilhelm Fink Verlag.

Fiske, John (1982): *Introduction to Communication Studies,* London, Routledge.

Fiske, John (1987): *Televizion Culture,* London, Methuen.

Fiske, John (1989): *Understanding Popular Culture,* London, Unwin Hyman.

Fröhlich, Romy/Scherer, Helmut/ Scheufele, Betram (2007), *Krigsberichtarstattung in deutschen Qualitätszeitungen. Eine inhaltsanalytische Langzeitstudien zu Fraimingprozessen*, nr. 57, p. 11-32.

Früh, Werner (1991): *Medienwirkungen: Das dynamisch-transaktionale Modell. Theorie und empirische Forschung,* Opladen.

Gamson, William A./Modigliani, Andre (1989), *Media discourse and public opinion on nuclear power. A constructionist approach,* în *Journal of Sociology,* nr. 95, nr. 1-37.

Gitlin, Tod (1980), *The whole world is watching. Mass media in the making and unmaking of the new left,* Berkley.

Goody, Jack (coord.), (1968): *Literacy in Traditional Societies,* Cambridge University Press.

Giddens, Anthony (1990): *The Consequence of Modernity,* Cambridge, Polity Press.

Giddens, Anthony (1991): *Modernity and Self-Identity: Self and Society in the Late Modern Age,* Cambridge, Polity Press.

Gustafsson, Karl, Erik/Weubull, Lennart (1997), *European Newspaper Readership Structure and Development,* in: *Communicationd,* p. 249-273.

Habermas, Jürgen (1990): *Strukturwandel der Öffentlichkeit. Untersuchungen zu einer Kategorie der bürgerlichen Gesellschaft (yuerst 1962),* Frankfurt am Main.

Hall, Stuart (1980): *Encoding and Decoding,* în *Culture, Media, Language,* London, Hutchinson.

Hepp, Andreas (1997): *Cultural Studies und Medienanalyse,* Vestdeutscher Verlag.

Hochnadl, Albrecht (2004): *Mediennutzung in Japan,* LIT, Münster.

Iyengar, Shanto/Simon, Adam (1993), News coverage *of the Gulf Crisis and public opinion,* în *Communication Research,* nr. 20, p.365-383.

Iyengar, Shanto/Simon, Adam (1997), *News coverage of the Gulf Crisis and public opinion. A study of Agenda Setting, Priming and Framing,* în: Iyengar S./ Reeves, R., *Do the Media Govern? Politicians, Votesra and Reporters in America,* Thousand Oaks, p.248-257.

Jarren, Otfried/ Bonfadelli Heinz (2001): *Einführung in die Publizistikwissenschaft,* Paul Haupt.

Jäckel, Michael (2008): *Medienwirkungen. Eine Studienbuch zur Einführung,* ediäia a 4-a revizuită şi adăugită, VS, Wiesbaden.

Jarren, Otfried/Donges, Patrick (2002): *Politische Kommunikation in der M ediengesellschaft,*Westdeutscherverlag, Opladen.

Just, Natascha/ Latzer, Michael (2003): *Ökonomische Theorie der Medien,* în Weber, Stefan (coord.): *Theorien der Medien,* UKV, Konstanz.

Kloock Daniela / Spar Angela (2000): *Medientheorien – Eine Einführung,* 2. Auflage, Fink- Verlag München.

Kloss, Ingomar (2000): *Werbung,* Opladen Vestdeutscher Verlag.

Kunczik, Michael, Zipfel, Astrid (1998): *Introducere in stiinta publicisticii si a comunicarii,* Presa Universitara Clujana, Cluj-Napoca.

LeFleur, Melvin, Ball-Rokeach, Sandra (1999): *Teorii ale comunicarii de masa,* Polirom.

Leschke Rainer (2003): *Einführung in die Medientheorien,* Fink Verlag.

Levy, Mark R. / Windhal, Sven (1984): *audience Activity and Gratifications. A Conceptual Clasification and Exploration,* în: *Communication Research,* 11(1), p.51-78.

Luhmann, Niklas (1996): *Die Realität der Massenmedien,* Opladen, Westdeutscher Verlag.

Maletzke, Gerhard (1963): *Psychologie der Massenkommunikation,* Hamburg.

Marga, Andrei (2002): *Introducere în folosofia contemporană,* Editura Polirom, Iaşi.

Marga, Andrei (2008): *The Media Society,* în *Journal of Media Reserach,* nr. 2/2008, p. 5-8.

Matthes, Jörg/ Kohring, Matthias (2004), *Die empirische Erfassung von Medien-Frames,* în *Medien und Kommunikationswissenschaft,* nr. 52. p. 56-75.

McLuhan, Marshall (1951): *The Mechanical Bride: Folklore of Industrial Man,* London, Routledge and Kegan Paul.

McLuhan, Marshall (1962): *The Gutenberg Galaxy; The Making of Typographic Man* London, Routledge and Kegan Paul.

McLuhan, Marshall (1994):*Understanding Media: The Extention of Man,* London, Routledge.

McLuhan, M./ Powers, B.R. (1989): *The Global Village,* Oxford University Press.

McQuail, Denis (1994): *Mass Comunication Theory,* ediţia a 3-a,, *Sage Publications,* London.

McQuail, Denis (1997): *Audience Analysis,* Thousand Oaks.

McQuail, Denis (2000): *Mass Comunication Theory,* ediţia a 4-a,, *Sage Publications,* London.

McQuail, Denis (2005): *Mass Comunication Theory,* ediţia a 5-a,, *Sage Publications,* London.

McQuail, Denis (2002): *McQuail s Reader in Mass Communication Theory,* Sage Publications, London, Thousand Oaks, New Delhi.

McQuail, D./Windhal S. (2000): *Teorii ale comunicăii de masă,* comunicare. ro, Bucureşti.

Merrill, J./Lowenstein, R.L(1979): *Media. Messages and Men. New Perspectoves in Comunication,* ediţia a 2-a, New York.

Merten, Klaus (1999): *Einführung in die Kommunikationswissenschaften,* Lit.

Meyen, Michael (2004): Mediennutzung, Mediaforschung, Medienfunktionen, Nutzungsmuster, 2. überarbeitete Auflage, UVK, Konstanz.

Meyen, Michael (2006): Wir Mediensklaven, Warum die Deutschen ihr halbes Leben auf Empfang sind, Merus, Hamburg.

Meyrowitz, Joshua (1990): *Überall und nirgends. Die Fernseh-Gesellschaft* (trad. din engl.), Weinheim, Basel.

Norris, Pippa (2001): *Digital Divide. Civic Engagement, Information Poverty and the Internet Worldwide,* Cambridge.

O`Guinn, Thomas, C./ Allen, Chris, T./ Semenik, Richard, J., (1998), *Advertising,* South-Western College Publishing, Cincinnati.

Petcu, Marian (2000): *Tipologia presei romane,* Iasi, Institutul European

Petcu, Marian (2002): *Istoria presei române,* antologie, Bucuresti, Ed.Tritonic

Petcu, Marian (2005): *Jurnalist in Romania-istoria unei profesii,* Ed. comunicare.ro, Bucuresti.
Pfetsch, Barbara (1996): *Konvergente Fernsehformate in der Politikberichterstattung? Eine vergleichende Analyse öffentlich-rechtlicher und privater Programme 1885/86 und 1993,* în *Rundfunk und Fernsehen* nr.44.

Postman, Neil (1983): *Das Verschwinden der Kindheit,* Frankfurt/Main.

Postman, Neil (1985): *Wir amüsieren uns zu Tode,* Frankfurt/Main.

Puerer, Heinz (1998): *Einführung in die Publizistikwissenschaft, Systematik, Fragestellungen, Theorienansaetze, Forschungstechniken,* Konstanz.

Rosengren, Karl, Erik (1996): *Inhaltliche Theorien und formale Modelle in der Forschung über individuelle Mediennutzung,* în:Hasebrink, Uwe/ Krotz Friedrich)hrs.=: *Die Zuschauer als Fernsehregisseure?* Baden-Baden, Hamburg, 269-286.

Reese, Stephen D. (2007), *The Fraiming Project: A Bridging Model for Media Reserach Revisited,* în *Journal of Communication,* nr. 57, p. 148-154.

Rogers, E. M. (1986), *Communication Technology: The New Media in Society.* New York: Free Press.

Rogers, E.M./ Kincaid, D.L. (1981), *Communication Networks: Toward a New Paradigm for Research.* New York: Free Press.

Rosenberg, M./ Hovland, J. (1960): *Cognitive, Afective and Behavioral Components of Attitudes* în Hovland, J./Rosenberg, M.(coord.), *Attitude Organization and Chnage: An analysis of Consistency Among Attitude Components,* New Haven, 1-14.

Rus, Flaviu, Călin (2002): *Introducere în ştiinţa comunicării şi a relaţiilor publice,* Editura Institutul European, Iaşi.

Scheufele, Dietram A. (1999), *Framing as a Theory of Media Effects,* în *Journal of Communication,* nr. 49, p. 103-122.

Scheufele, Dietram A. / Tewksbury David (2007), Framing, Agenda Setting and Priming: The Evolution of Three Media Effects Models, în Journal of Communication, nr. 57, p. 9-20.

Schicha, Christian (2003), *Kritische Medientheorie,* în Weber, Stefan (Hrsg.), *Theorien der Medien,* UKV, Konstanz, p. 108-131.

Schönbach, Klaus (2000), *Selektiv- aber auch passiv: Anmerkungen zum Medienpublikum des nächsten Jahrtausend,* in: Mahle, Walter (Hrsg.), *Orientierung in der Informationsgesellschaft,* Konstanz, UKV, p. 97-102.

Schneider, Karl/Pflaum, Dieter (1997), *Werbung in Theorie und Praxis,* M&S Verlag, Waiblingen.

Stevenson, Nick (2002), *Understanding Media Cultures,* Sage Publications, 2nd edition.

Strasser, Gabi (2000): *Legitimierungsstrategien des Fernsehens. Programmverantwortliche im Spannungsverhältnis von Programmauftrag und Ökonomie,* Deutscher Universitäts-Verlag, Wiesbaden.

Trodhal, Verling (1966), *A Field Test of a Modified Two-Step-Flow of Communication Model,* în: *The Public Opinion Quarterly* 30, p.609-634.

Trommsdorf, V. (1995): *Involvement,* în: Tietz, B., Köhler, R./Zentes, J. (coord.), *Handwörterbuch des Marketing,* ediţia a 2-a, Stuttgart.

Vorderer, Peter (1992), *Fernsehen als Handlung. Fernsehfilmrezeption aus motivationspychologischer Perspektive,* Berlin.

Vorderer, Peter (1996), *Rezeptionsmotivation: Warum nutzen Rezipienten medianle Unterhaltungsangebote,* în *Publizistik* 41, nr.3, p. 3130-326.

Vorderer, Peter (1999), *Psychologie der Medienrezeption,* în: Roters, Gunnar, Brosius, Hans-Bernd (coord.): *Mediensozialisation und Medienwerantwortung,* Baden-Baden, Nomos, p. 37-46.

Weaver, David (2007), *Troughts on Agenda Setting, Fraiming and Priming,* în *Journal of Communication,* nr. 57, p. 142-147.

Weber, Stefan (2003), *Einführung. (Basis-) Theorien der Medienwissenschaft,* în: Weber, Stegan (Hrsg.), *Theorien der Medien. Von der Kulturkritik bis zum Konstruktivismus,* UKV, Konstanz.

Weimann, Gabriel (1994), *The Influentials. People who Influence People,* Albany.

xxx (1971): Dicţionarul Brockhaus.